himmelhochjauchzend
——— *gedankenvertieft*

Sarah Marie

himmelhochjauchzend

gedankenvertieft

Gedichte und Texte

Sarah Marie

LAGO

I am not an optimist
but a great believer of hope.

Nelson Mandela

Inhalt

Über die *Autorin*

Eine Wissenschaft für mich

Ich bin
himmelhochjauchzend
gedankenvertieft

Ich bin
ein Weltbeweiner
ins Leben verliebt

Ich bin
ein Herz-über-Kopf-Mensch
doch mein Kopf, der schweigt nie

Ich bin
ein offenes Buch
paradox genug
selbst bei vielfachem Lesen
keinen Sinn zu ergeben

Ich bin immer nur ich
Doch manchmal
– immer, eigentlich –
bin ich 'ne Wissenschaft
für mich

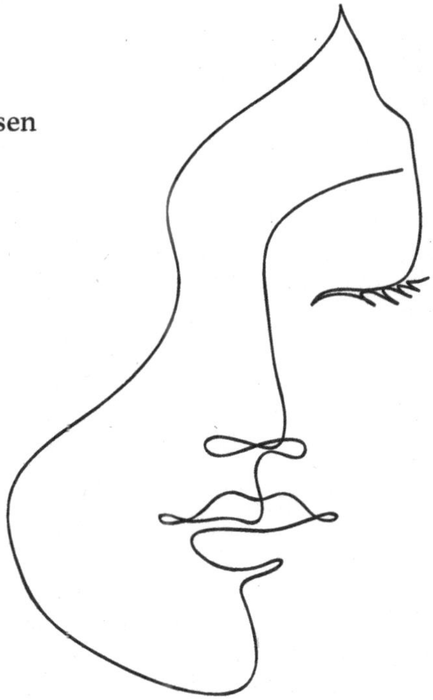

Über das *Buch*

Fluten brechen

Fluten brechen
über Dämme
über mich hinein
Und ich fang sie
fang sie auf
und füll sie in
Worte hinein

Für alle die
die an der Bucht stehen
und bloß still
den Wellen lauschen
traue ich mich
den Schritt tiefer
um in Fluten
einzutauchen

Dieser Ort
ist meine Muschel
von mir vom tiefsten Grund befüllt

Halt sie gern
nah an dein Ohr
und hör, wie meine Wellen dröhnen

Über das *Sein*

Findungsphase

Man ist
was man spricht

Man bleibt
was man schreibt

Man wird
zu den Gedanken
die im Kopf genug Raum
zur Ausbreitung haben

Metaphorische Melancholie

Ich sitze schweigend
mit einem heißen Becher Kaffee in der Hand
Ein Stückchen meines Herzens
winkt mir grad vom Bahnhof nach
und ich werd wieder melancholisch
Das merke ich daran
wie ich mich
metaphorisch
mit allem gleichsetz
was vergänglich ist

Bin ich nicht wie der Fluss zu meiner Seite?
Ich eile
hinterlasse überall ein paar meiner Steine
Bin entzückt
ich beglücke und werde beglückt
greif etwas auf, lass etwas dort
und dann fließ ich wieder fort
Schließ mich ihm an, wie er
Schleifen schlingend
weiterwandert
Ortschaften streift
überall ist
aber nirgends verweilt

Immer in Bewegung
aber nirgendwo ganz
nirgendwo Heimat
doch überall ein Tanz
mit dem Licht
Und einem kurzen Gedanken daran
wie es wohl wäre
für immer zu bleiben
– wie ich

Bin ich nicht wie die Zeit?
Ich geh mit ihr
Komm vorbei und zieh vorbei
Reiche manchmal gar nicht aus und
manchmal dehne ich mich aus und
manchmal denk ich
jeder sieht mich gleich –
doch seh für jeden anders aus
Ich höre ständig, dass ich renne
dass ich zu getrieben bin
doch was viele nicht verstehen, ist
dass ich so geschaffen bin

Und so jag ich
Tage, Wochen, Jahre
nach einer Frage
deren Antwort ich schon habe

Bin ich nicht wie der Zug, in dem ich sitze?
Trage Menschen im Herzen
Jeder Bahnhof ein Zuhause
und eine Trennung unter Schmerzen

Bin ich nicht menschlich?
Und ist das nicht schön?
Mit jedem jähen Ende
darf ich was Neues anfangen sehen
und hab mit jedem Sonnenuntergang
eine Erinnerung daran
dass auch das, was nicht für immer bleibt
was Wunderschönes sein kann

Ich werde wieder melancholisch
Das merk ich daran
wie ich mich metaphorisch
mit allem gleichsetz
was vergänglich ist

Doch vorn am Bahnhof blickt mir schon
ein Stückchen meines Herzens entgegen
Und während ich kalten Kaffee trink
spür ich das Größte noch verbliebene Stück
sich in meinem Brustkorb heben

Denn noch vergeh ich nicht
Nein
Ich bin am Leben

Von Welt

Mein Leben liegt
in Scherben verteilt
durch Schienen verbunden
zum Entdecken bereit

Es ist schön, von Welt zu sein
noch lieber wäre mir
meine große Welt
im Kleinen

Frühlingswünsche

Gib mir Frühling
Gib mir Farben
in Sträuße gebunden
in Stoffe gewoben
in Himmel gemalt
und in Seelen empfunden
Gib mir Lebensfreude
und Glücksgefühle
Gib mir Magnolienknospen
und Gartenstühle
Gib mir Wärme und Eistee
Gib mir Vögel, die singen
Gib mir mehr von den Dingen
die meinen Mund zum Lachen
und mein Herz
zum Tanzen bringen

Gib mir Freiheit, Freude, Positivität
Gib mir mehr von alledem
was mir gerade noch fehlt

Wann ist das passiert?

Wann ist das passiert?
Wann bin ich vom Rücksitz
ans Lenkrad gewechselt?
Seit wann wird mein Zimmer
für Gäste verwendet?
Mein Schlüssel in der Tasche
passt nicht in mein Zuhause rein
seit wann bin ich erwachsen
muss ich jetzt selbstständig sein?

Warum muss ich selber buchen
selber auswählen und anrufen?
Wann wurde aus
»Was willst du werden«
»Was bist du geworden«?
Und wer hat denen erlaubt
monatlich Miete abzubuchen?
Wann wurde aus meinem Elternhaus
ein Ort für flüchtige Besuche?

Ich hab das so nicht unterschrieben
und kann es doch nicht widerrufen
Weil keiner mir mein Leben lebt
muss ich es selbst versuchen

Kampf auf Zeit

Kämpfst du mit der Zeit
gegen die Zeit
hast du sie schon verloren

Ungewissheit

In Ungewissheit
liegt viel Freiheit
lerne sie zu lieben
Andere sind
im Trott gefangen
du lernst gerade fliegen

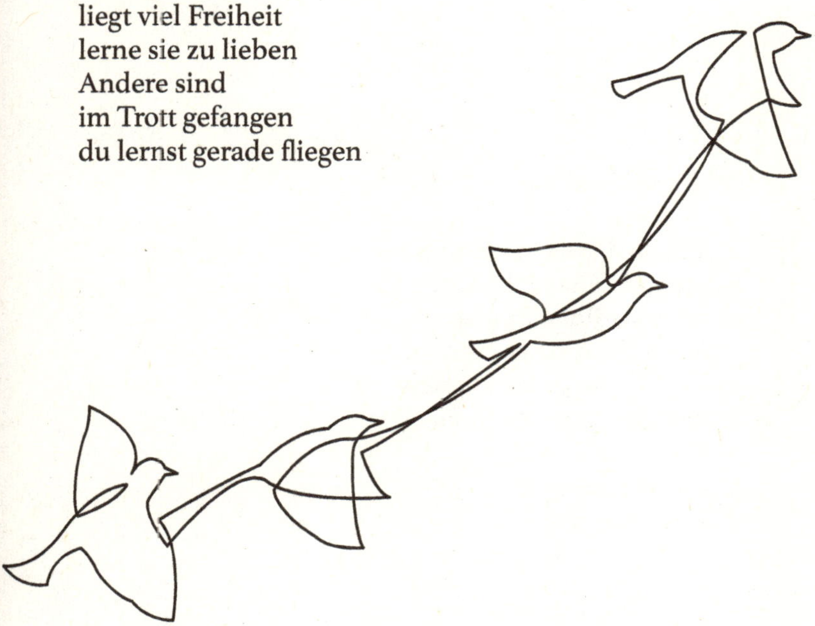

Wertvolle Sekunden

Ich habe diese Drangmomente
spontane Tatengedanken
mutige Gefühlsimpulse
und ich muss sie nutzen
denn sie sind die Sekunden
in denen ich ungebunden
weiter gehe
als ich denke
dass ich könnte

Wie die Sonne müsste man sein

Wie die Sonne müsste man sein
Sie steht morgens auf
nimmt Krisen und Probleme
unbeeindruckt in Kauf
Sie weiß einfach:
»Ich bin voll Wärme gemacht
und zum Scheinen bestimmt«
also wärmt sie und scheint
unbeeinflusst von den
Wolken ihrer Zeit
Und jeder drum herum hat Teil
an unbedingter Freundlichkeit

Doch auch sie hat schlechte Tage
und sagt sich selbst:
»Das ist okay«
Sie nimmt sich ihre Auszeit
weil sie weiß
dass bald schon
andere Winde wehen

Schleudertrauma

Hab seit geraumer Zeit
ein Schleudertrauma
von zu wenig Zeitraum
und zu viel Drehmoment

Zwischen Machen und Schaffen
hab ich das Sein sein gelassen

Dabei gehört zum Vorbild leben
nebst Tatendrang und Machen
eben auch das Liegenlassen
und das Auf-sich-selbst-Aufpassen

Stärke

Stärke ist kein Wettkampf
um den größten Kraftaufwand
Wer stark sein will, muss lernen
seine Energie zu sparen

Hand aufs Herz

Hand aufs Herz:
Spürst du 'nen Herzschlag?
Dann spürst du damit Lebenssinn
Denn solang dieses Herz noch schlägt
hat Gott mit dir noch was im Sinn

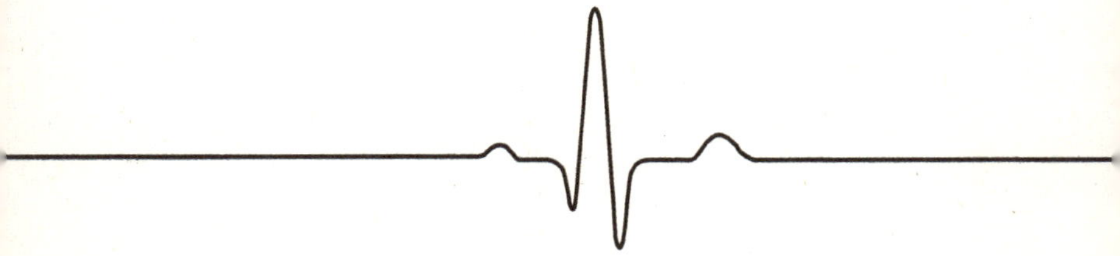

Ich liebe jetzt

Ich liebe jetzt
denn ich wachse
und es tut verdammt weh
doch es ist verdammt gut

Ich bin so stark wie nie
so schwach wie nie
Ich akzeptiere mich so sehr wie nie
und wäre so gern jemand anderes

Ich habe nichts unter Kontrolle
aber alles ergibt Sinn
Ich verfehle und weine
schließe ab, akzeptiere
und versuche dann neu

Ich liebe jetzt
weil sich etwas bewegt
keine Ahnung, wohin
aber es bewegt sich
und ich mich einfach mit

Lebenstanz

Gestern wurde mir gesagt
es sei egal
wie gut es jemand anderes macht
solang ich heute besser bin
als mein Ich vor einem Jahr
Es sei nicht *ich gegen sie*
sondern *ich gegen mich*
und das klang erst mal schön
doch ich glaub eigentlich
auch das stimmt so nicht

Ich bin keine exponentielle Funktion
Ich funktioniere mal besser, mal schlechter
doch ich bin Teil einer Gesellschaft
die maximale Optimierung zum
immerwährenden Ziel hat
Gewinnmaximierung
Prozessoptimierung und
Selbstoptimierung
gehen dabei Hand in Hand
sodass man schnell mal vergisst:
Das Leben war und ist
ursprünglich nicht
als berechenbar geplant

Nein, wir sind Menschen
und das Leben ist 'ne Achterbahn
und Menschen machen Fehler
und kommen manchmal gar nicht klar

Wir erleben Tiefschläge
gehen geradeaus auf wirren Wegen
Auf jedes Tal folgt ein Berg
auf jeden Berg wieder ein Tal
Das liegt nicht in deiner Hand
Hey, du hast gar keine Wahl

Du bist ein Mensch
ein Wesen mit Gefühlen
Bedürfnissen und Phasen
Dein Leben hat Kapitel
die nicht die Titel
»Gut – besser – am besten« tragen

Sie tragen Gesichter von Geliebten
Gefühlsexplosionen
Antworten, die kamen
und Fragen, die blieben
Sie tragen die Handschrift des Höchsten
und sie lehren dich, dass
nach Regen Sonne kommt
und du es auch durch Nebel schaffst

Du bist ein Mensch
das sind wir alle
Wir leiden unter uns und unter andern
verknüpfen jedes Ende mit 'nem Anfang
balancieren, wie wir können
halten uns manchmal einfach fest
Und mir ist wichtig, dass du weißt
dass genau das Leben ist

Es ist nicht *du gegen dich*
die von einer Höhe auf die nächste springt
Auch wenn das auf Instagram
oh, so motivierend klingt

Ich verstehe das Prinzip
Und ich find's im Prinzip
auch echt lobenswert zu sagen:
Lass die andern links liegen
und versuch einfach, das Beste
Aus dir selber zu machen

Aber warum als Wettkampf?
Warum mit so viel Druck?
Warum ist uns unser Leben
nicht einfach mal genug?
Es ist nicht *du gegen dich*
manchmal geht es halt nicht besser

Da stehst du mitten im Leben
Dinge passieren und du stehst daneben
als Opfer des Bebens um dich herum

Du hast nicht auf alles Einfluss
du kannst nicht alles kontrollieren
um dich rum wie in dir drinnen
und das ist so zu akzeptieren
Wir müssen aufhören, das Leben
als Wettlauf mit anderen
und mit uns selber zu sehen

Du darfst einen Tag nach dem anderen nehmen
Du darfst heute was wagen
und morgen versagen
Das ist alles richtig so
Sei mutig, sei freundlich
doch dir darf es auch mal dreckig gehen
Du darfst auch einfach mal kurz stehen
bleiben

Guck dich um
Wenn man nicht durch's Leben hastet
gibt es nichts Schöneres zu tun
als es kurz mal zu betrachten
für das Wunder, das es ist

Es ist nicht *du gegen mich*
Und nicht *du gegen dich*
Es ist *du für dich* selber
Und *ich auch für* dich
Unterstützung, in sich
und auch gegenseitig

Ich wünsch uns
simple Akzeptanz
dafür, dass das Leben kein Sprint ist
sondern eher ein Tanz
ohne Sieger
aber mit so viel Leidenschaft
und wir tanzen es gemeinsam
doch jeder ganz in seinem Takt

Kein Zufall

Es ist kein Zufall
dass dieser Traum
in dein Herz gepflanzt ist
Dass du ihn nährst
das liegt daran
dass du für ihn gemacht bist

Flammenwerfer

Nimm das
was dir auf dem Herzen brennt
und lass es endlich
vor aller Augen Feuer fangen

Luft-raus-Tag

Heute ist ein Luft-raus-Tag
ein Mit-dem-falschen-Fuß-begonnen-
und-im-Laufe-nicht-besser-geworden-
Tag

Heute ist ein Tag, an dem ich
einfach wieder schlafen will
Ein Tag, aus dem ich
trotz Versuchen
einfach nichts gewinn
Ein Tag, der mich lebt
statt ich ihn
Ein Tag, der mehr nimmt
als er gibt

Und das darf sein
von Zeit zu Zeit
solang ich dafür sorg und weiß
dass heute nur ein Tag bleibt
und jene, die kommen
halten Besserung bereit

Lebenskunst

Das Leben ist mein Schwebebalken
an manchen Tagen springe ich
an manchen Tagen schwanke ich
an manchen überschlag ich mich
an manchen Tagen halt ich mich
nur fest

Doch immer lebe ich
immer schwebe ich
und für meine Lebenskür
brauch ich eure Punkte nicht
denn all das, was ich hier vollführ
ist allemal
'ne Kunst für sich

Zuspruch

Ich will dir nur kurz sagen
was du eigentlich schon weißt:
Es gibt keinen Grund zur Sorge
Es ist nicht so viel, wie's scheint

Der Berg vor dir war mal größer
und auch den hast du geschafft
und auch damals hattest du dir
große Sorgen gemacht

Mach einfach eins nach dem anderen
Tu heut nur das, was heute muss
Sei gnädig mit dir selber
und dir dabei stets bewusst

dass dein Kopf dir einen Streich spielt
wenn er sagt: *Du kannst das nicht*
denn du hast es schon bewiesen
und auch jetzt glaub ich an dich

Braun

Du sagst, deine Augen sind nur braun
Wie kannst du es wagen?
Sie spiegeln deine Seele
in den buntesten Farben

Nicht mehr lange

»Nicht mehr lange«
denke ich
Vorfreude im Herzen
wie frisch gemischte Brause

Meine Hand
streicht einen weiteren Tag
Mein Blick
wandert nach draußen

die Sonne
kitzelt den Horizont
wie meinen Kopf
das Hoffen

wie es war
so war es gut
doch bald
wird's übertroffen

Das weiß ich:
»Nicht mehr lange«
und der Himmel
steht mir offen

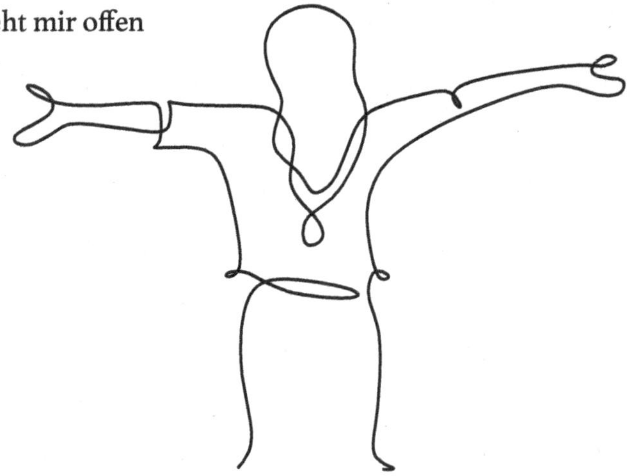

Die Sache mit den Stürmen

Stürme kommen, Stürme gehen
manche zerreißen, andere wehen
nur die Dinge aus dem Leben
die dir noch im Wege stehen

Die Tage fliegen

Die Tage fliegen
ich fang sie nicht ein
Ich fliege mit und
vergesse die Zeit
Du nennst es »kopflos«
doch ich nenn es »frei«
Bin lieber schwerelos
als schwer wie Blei

Blütezeit

Du liegst nicht begraben
Du bist gepflanzt
Du stehst nicht im Regen
Du wirst gegossen
Du stößt dir nicht den Kopf
Du stößt vor Richtung Licht
Das hier ist kein Beton
sondern Erde
weich und beweglich
So wie du
und ich sehe dich
Knospen bilden
Du bist nicht kläglich
Du bist genau richtig
Und machst dich bereit
für deine Blütezeit

Am Wasser gebaut

Meine Wohnung ist
am Wasser gebaut
und das bin ich auch

Lange Flüsse
weite Seen und Meer
sind, was ich brauch

Sie sind wie ich:
Gut leserlich
Sie sagen's, wie es ist

Jede Stimmung
schlägt sich nieder
in Wellen, Strom und Gischt

Beim Tag so still
bei Nacht so laut
erst ruhig und dann sehr rau

Trag mein Gefühl
so wie das Meer
auf dem Gesicht zur Schau

Im Wasser liegt die Tiefe
die ich sonst nur in mir find
und Freudentränen sind die Ströme
die mir am liebsten sind

Hoffnung

Hoffnung
ein Anker in der Zeit
in der dem Herz nicht mehr als Träume
und dem Kopf nichts als das Wissen bleibt:

Das alles hier wird wieder gut
auch wenn es grad noch nicht so scheint

Nordsee-Mensch

Ich wäre gern ein Nordsee-Mensch
vom Wind verweht und frei
Ich hätte stets und ständig
was zum Regenschutz dabei
Und würde dann der Sturm aufziehen
und Regentropfen packen
würde ich meine Hände heben
und ihm entgegenlachen

Ich wäre gern ein Nordsee-Mensch
voll Ruhe und voll Leben
Mein Auto ständ zu Hause
bei den Dünen, abgelegen
Ich würde tagelang zu Fuß
die Strände entlanglaufen
und mich mit Blick aufs Meer erinnern:
Es gibt was Größeres
als mich da draußen

Ich wäre gern ein Nordsee-Mensch
unbekümmert, was ein anderer denkt
ungeschminkt und warm gekleidet
naturverbunden und bescheiden
Ich würd mit den Gezeiten spielen
und mein Brot mit den Möwen teilen
Und wann immer es die Ebbe zulässt
anhalten und kurz verweilen
während all meine Gedanken
von dannen mit den Wellen treiben

Mein Heute

Ich verlier mich in der Sehnsucht
nach einem Tag, den es nicht gibt
und verlier dabei mein Heute
zu sehr aus dem Blick

Gott der Wunder

Du bist ein Gott der Wunder
wundersam und wunderbar
wunderschöne Wunderwerke
entstammen deinem Atem
Wunderlichter, Wunderkerzen
zündest du am Himmel oben
darum ist auch mein
Wunder-Punkt
bei dir gut aufgehoben

Den Himmel spiegeln

»Ich bin nicht glücklich und nicht unglücklich
nicht eins von beidem
und doch beides zusammen
Woran liegt's heute schon wieder?«

Ich weiß es nicht

Wär also lieb, wenn ich einfach mal aufhören könnte
mir diese Fragen wieder und wieder zu stellen:
»Wie geht's mir denn?
Und warum ist das so?«

Selbstreflexion wird zur Anstrengung
wenn sie immer wieder nur
in Selbstkritik darüber mündet
dass man auf seine eigenen Fragen
keine Antworten findet
Dann wühlt man in sich rum
wühlt sich auf
wühlt sich tot

Was bringt das schon?

Ich hab mal drüber nachgedacht
dass Wasser die Herrlichkeit des Himmels
am besten reflektiert
wenn es still ist

Vielleicht probier ich das mal aus

Statt Selbstreflexion und Stimmungswellengang
will ich versuchen, was passiert, wenn ich
statt meines kleinen Horizonts
den Himmel spiegeln kann

Simple Selbstgenügsamkeit

Alle wollen immer höher
wollen immer schneller laufen
aber ich will immer tiefer
in Gedankenströme tauchen

Alle wollen immer weiter
immer freier mit der Zeit
aber ich will immer enger
mit mir selbst verbunden sein

Alle wollen immer besser
was ist schon Zufriedenheit
doch ich glaub, das Beste wär grad
simple Selbstgenügsamkeit

Hadere nicht

Träume
als hättest du keinen Zweifel
an göttlicher Güte

Formuliere
als wolltest du jedes Wort
der Liebe mal berühren

Denke
als hättest du alle Freiheit
zu schaffen, was du willst

Sprich aus
was dein Herz dir sagt
auch wenn es mutig ist

Das Leben ist zu kurz, um
jeden Tag mit sich zu hadern
Träume, Liebe und viel Mut
scheinen mir ein guter Anfang

Hier bin ich angekommen

Hier bin ich angenommen
Hier bin ich geliebt
Hier bin ich gesehen und geschützt
verstanden und von Wert
hier komm ich aus mir raus
und gehe tief in mich hinein
Hier ruhe ich mich aus
Atme aus und atme ein

Und wach ich auch stets
an einem neuen Ort auf
bleibst du meine Konstante
bleibst du das, was ich brauch

Denn Breitengrade zeigen
wo mein Körper grade ist
doch von meiner Seele weiß ich
dass sie immer bei dir ist

Sonnengelb

Gäbe man jedem Menschen eine Farbe
wärst du das schönste Gelb
Nicht Zitronengelb und grell
fröhlich, aber beißend
Nein, du wärst Sonnengelb:
Hell, ein bisschen strahlend
wärmend und einladend
wandelbar in alle Farben
Horizonte entlangwandelnd
alles etwas besser machend
Ruhe und ein Lächeln schaffend

Ja, du bist Sonnengelb
und ich froh, dich zu haben

Mama

Du hast mich rumgetragen
erst innerlich, dann äußerlich
mich unterm Herz' getragen
und danach mittendrin

Du hast mich an die Hand genommen
erst wirklich, dann bildlich
mir erste Schritte beigebracht
und irgendwann dann lief ich

ohne dich
doch nicht allein
du bist immer noch dabei

Denn wie du mich in deinem Herz'
so trag ich dich in meinem
wie du meine Hand noch hältst
zeigt sich mir heut im Kleinen

Ich finde neue Worte
doch in mir klingt stets deine Stimme
du bleibst mir Wegbegleiterin
von außen und von innen

Und auch wenn ich jetzt laufen kann
ich lös mich nie komplett
dein Bild hängt an der Wand und ich
koch stets nach deinem Rezept

Und auch wenn ich jetzt klarkomm –
ich komm nicht klar ohne dich
denn du bist und bleibst die beste Mama
für Anna und für mich

Papa

Bin dir wie aus dem Gesicht geschnitten
innerlich wie äußerlich
deine Mimik, deine Tiefe
all die Dinge teile ich
doch deine Sorgen hieltest du
ganz allein und nur für dich
mein Leben ohne Angst vor morgen
gäb's ohne dich nicht

Was gestern noch schwerfiel

Was gestern noch schwerfiel
fällt mir heute schon leichter
Was mich heute noch ängstigt
kann mich morgen begeistern

Vergiss dein nicht

Bei alledem
was ansteht
alledem, was morgen ist
versprich mir nur
vergiss dein nicht

Bei alledem
was Prio hat
alledem, was drängend ist
versprich mir nur
vergiss dein nicht

Bei alledem
was wach hält
alledem, was Sorgen macht
versprich mir nur
vergiss dein nicht

Bei alledem
was nun mal muss
alledem, was grad noch passt
versprich mir – echt
ich bitte dich
vergiss dein nicht
vergiss dein nicht
vergiss dein nicht

Was du heute sicher baust

Du willst für deine Zukunft sorgen?
Dann lebe den Moment
Denn was du heute sicher baust
ist das, was morgen hält

Horizonte

Ich sag, es ist nicht alles einfach
Ich sag, es ist nicht alles leicht
Manchmal fehlen mir die Worte
Manchmal denk ich, dass es reicht
Manchmal komm ich nicht mehr weiter
Manchmal geh ich viel zu weit
Manchmal glaube ich, ich scheiter
weil mein Weg keinem andern gleicht

Doch du lachst und nennst sie wertvoll
meine Andersartigkeit

»Du bist gemacht für Horizonte
Tausende Meter hoch und breit
Und das ist nicht immer einfach
Und das ist nicht immer leicht
Manchmal fordern große Ziele
einen noch größeren Preis
Doch die Gegenwart birgt Großes –
deine Zukunft, dein Beweis«

Was ergibt mich?

Fragst du dich auch manchmal
»Wo bin ich?«
Ich meine, nicht so physisch
»Wie geht es mir seelisch?«
Eher so
»Woraus ergebe ich mich?«

Wo trifft Selbstwert auf Logik
auf Gleichgewicht und Sicht?
Wo ziehen Sinne und Gefühle
in mir am selben Strick?
Wo in mir mischen meine Träume
und Vergangenheiten sich
mit Gegenwart, Geschichten und
Wahrnehmung von Schmerz und Licht
und ergeben dadurch
mich?

Ich stecke irgendwo in mir
bin ein Gedanken-Gefühls-Gewirr
und wüsste gerne, wer das ist
die da aus meinen Augen blickt

Oh, mein liebes Ich

Oh, meine Haut
um mein Innerstes gewoben
wie ein zartes Gewand
perfekt gewölbt und gebogen

Oh, mein Gesicht
kreiert, um Liebe zu zeigen
mit Lippen, die lächeln
und Ermutigungen teilen

Oh, meine Stimme
gestimmt als Instrument
für das jemand komponierte
um die Stille zu erhellen

Oh, mein Ich
Oh, mein liebes Spiegelbild
Oh, meine Augen
und oh, mein Körper
Oh, meine Haare
und oh, wie ich euch anstarre
und oh, wie ich euch niedermache
und dich
mein liebes Ich

Oh, mein Ich
Ich lebe mit dir, bis ich sterbe
doch bin ständig unverschämt
Ich will besser darin werden
die Kunst in dir zu sehen
Ich versprech von heute an
deine Schönheit zu erkennen
und das Wunder deines Seins
nicht mehr länger auszublenden

Du bist meiner Seele Heimat
und ich will, dass du versprichst:

Oh, meine Seele
wenn du mein Spiegelbild betrachtest
schau durch mich hindurch
auf dich

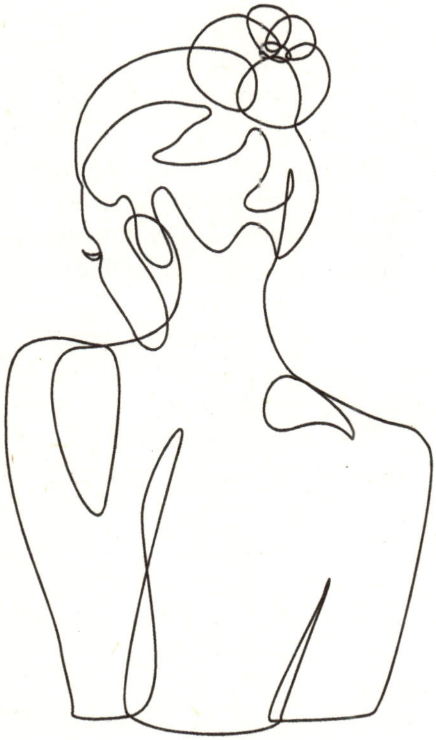

Tough

Du bist stark, du bist tough
du lässt keinen an dich ran
immer laut und immer lustig
immer lachend, voller Charme

Aber diese Show strengt an
Liebe Freundin, ist dir klar:
Manchmal sind Tränen bitter nötig
um unsere Herzen
vorm Ertrinken zu bewahren

Stacheln

Du kleidest dich in Stacheln
aus Angst, man komme dir zu nah
doch ich habe dich durchschaut
war überrascht, was ich da sah:

Deine Stacheln, sie sind weich
streicht man sie einmal richtig glatt
Du hast bisher nur einen wirklich
schweren Lebensweg gehabt

Jetzt verstehe ich dich besser
Wer du bist, zeigt, wo du warst
Deine Hülle ist ein Schutzschild
doch dein Kern ist sanft und warm

Jeder Mensch braucht einen Freund
und wenn du willst, dann bin ich da
denn in meinen Augen bist du
schön und liebenswert und stark

Meine Frau

Ich hab da eine Frau gefunden
tief unten
in mir drin

Sie ist selbstlos und freundlich
Sie fürchtet Menschen nicht
Sie ist ähnlich und doch
total anders als ich
Denn sie findet sich schön
läuft mit erhobenem Kopf
Sie sitzt aufrecht und ist
auch nicht ganz so verkopft
Sie spricht mutiger
als sie schreiben kann
ist mit sich selbst im Reinen
bewahrt ihr dankbares Herz
im Großen wie im Kleinen
Sie ist reich an Optimismus
wird das Leben nicht verpassen

Und ich glaub
für diese Frau
würde ich mich selbst verlassen

Selbstzentriert

Wenn sich die Erde um die Sonne dreht
und der Mond sich um die Welt
Warum dreh ich mich immer noch
immerzu nur um mich selbst?

Sonne und Mond

Viele wären gern die Sonne
die schönsten Tage noch erhellend
Doch warum nicht mal der Mond sein
Licht in Schattenzeiten spenden?

Auch wenn das Leben kurz ist

Auch wenn das Leben kurz ist
und sei es bloß eine Umarmung lang
lass sie fest und herzlich sein
ermutigend und warm

Ein Voller-Wunder-Mensch

Du bist ein Voller-Wunder Mensch
kein Adjektiv wird dir gerecht
Du würdest dich zwar nie so nennen
doch seh ich tausend bunte Lichter
im Tiefen deines Herzens brennen

Der Funke deiner Eigenart
ist das, was dich besonders macht
und traust du dich, ihn rauszulassen
wirst du ein Feuerwerk entfachen

Gute Wünsche zum Lebenskapitel

Worte fassen nicht zusammen
wie stolz ich auf dich bin
Das Gewohnte wird verlassen
etwas Neues wird beginnen
Was nicht ist, das wird noch werden
Was kommen soll, findet dich bald
Und für jeden weiteren Schritt
wünsch ich dir Segen, Kraft und Halt

Ein Jemand

Ich hoffe, dass du jeden Tag
jemanden zum Lachen bringst
und dass du dabei nicht vergisst
dass du auch ein Jemand bist

Kurz vergessen

Manchmal vergesse ich ganz kurz
wie schön es doch ist, ich zu sein
Doch dann nimmst du meine Hand
und schon fällt's mir wieder ein

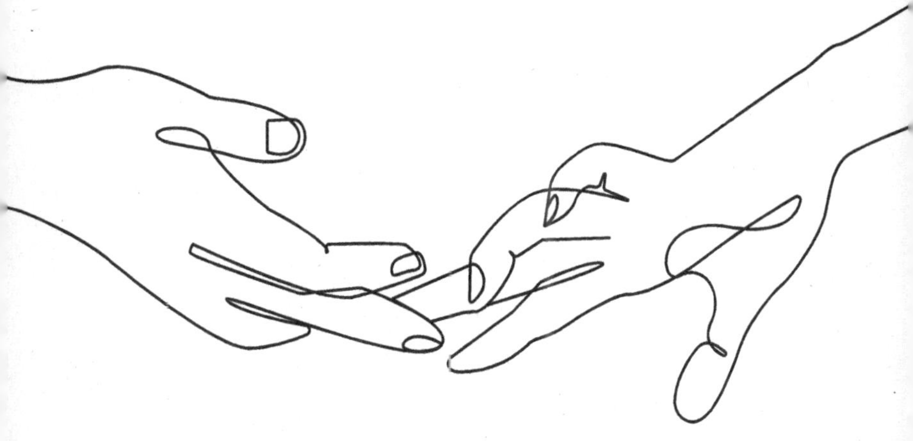

Über die *Liebe*

Ein Plädoyer (für die Liebe)

Bis dass der Tod euch scheidet –
ist das noch zeitgemäß?

Les ich in der Zeitung
und die Zeit bleibt stehen
während sich meine Gedanken
wie wild um diese Überschrift drehen
meine Augen
Wort für Wort noch einmal lesen
und ich mich frage
ob ich das gerade richtig verstehe

Ich springe von Absatz zu Absatz
Merke, wie meine Hand an meinen Kopf fasst
denn dies ist ein weiterer Anlass
meine Hoffnung an die Menschheit
zu verlieren
Als Nächstes wollen sie
das Eheversprechen revidieren

»Versprecht ihr einander
zu lieben und zu ehren
in guten wie in schlechten Zeiten
bis dass der Tod euch scheidet?«
sieht man heute als zu einengend

Ich finde, das ist bezeichnend
für eine Generation, die über Dating-Apps
und One-Night-Stands
auf der Suche nach dem Besten
aber bloß nicht nach was Festem ist

»Was ist das Beste für mich?«
ist die Frage, die sie drängt

Nicht das Beste langfristig, eher so
»Was befriedigt mich am besten jetzt?«
Und dann wird einer ausgewählt, ausprobiert
und irgendwann wieder zurückgestellt
ins Auswahlregal voll Möglichkeiten

Tu, was du willst, ist eh egal
Man will nicht das volle Paket
probiert so lange aus
wie die Demoversion geht
und wenn da am Ende dann
die Frage nach der Entscheidung steht
»Hat es dir gefallen und
willst du investieren, damit es weitergeht?
Zahlen mit Hingabe, Zusage, Exklusivität?«
sagen die meisten eher:
»Nee. Lieber nicht«

Nicht, weil es ihnen nicht gefällt
sondern weil die Entscheidung fordert
weiter als bis nächste Woche zu sehen
und das geht nicht in einer Zeit
in der wir so sehr auf Auswahl stehen

Werte von Treue und Liebe und Loyalität
weichen Werten wie Freiheit
und Individualität
Jeder ist ein Individuum
in seinem eigenen Zeitkontinuum
Unsere Welt dreht sich um uns
schreiben *Einzigartig* auf unsere Flaggen
aus der Massenproduktion
und Werbung und Markt
heucheln uns vor
es ginge ganz allein um uns

Um
»Mich, mich, mich«
denn
»Ich bin es mir wert«
und
»Unter'm Strich zähl ich«

Doch lass mich dir sagen
Um *dich* geht es ihnen nicht
Du bist nur der Konsument
an dessen zeitgeistgetriebenem Neukaufrausch
ihr ständiges Reichtumswachstum hängt

Sie beherrschen das Spiel perfekt
Haben ihren Einfluss
von deiner Kleidung
auf deine Wohnung
auf deine Beziehungen erstreckt
indem sie dir sagen
»Das von heute ist so viel besser
als der gestrige Dreck
Und was kaputt ist, schmeiß weg
Versuch es nicht, erst noch zu flicken
das war eh nicht mehr im Trend«

Und jetzt stehen wir vor der Frage
Ist eine Ehe, in der man sich liebt und ehrt
in guten wie in schlechten Zeiten
bis dass der Tod uns scheidet
heute noch was wert?
Ist das noch zeitgemäß?

Wir könnten doch einfach sagen
»Wollt ihr euch lieben
in der Zeit, die ihr miteinander verbringt
von jetzt bis irgendwann unbestimmt

bis ihr plötzlich das Gefühl habt
dass Treue euch zu viel Freiheit nimmt?«
»Wollt ihr euch lieben
bis ihr lieber jemand anderen liebt?«
»Wollt ihr euch lieben
bis ihr euch scheiden lasst
weil eine Konstante, länger als zehn Jahre
nicht mehr in die Moderne passt?«

Und dann heb ich den Blick
von der Zeitungs-App
packe mein iPad weg
und blicke auf ein Foto meiner Großeltern
als sie noch keine Großeltern waren
sondern eher Menschen
die auf Bilder ihrer Großeltern starrten
und sich überlegten
wie es wohl selber mal wäre
so zu altern

Passe ich in die Gegenwart
mit einem Wunsch nach etwas
das Zukunft hat?
Bin ich verrückt zu sagen:
»Ich will was Echtes, was Festes
das ganze Programm«
Ich will Stärken und Schwächen
und ich will einen Mann
der es aushalten kann
wenn ich mal
in mich zusammenfall
Der, wenn ich sag
»Ich geb uns dran«
nicht dran denkt, das Handtuch zu werfen
weil unsere Vergangenheit
ihm die Gegenwart
für eine Zukunft wert ist

Der mich nicht nur mag
weil ich unkompliziert bin
Der nicht nur chillen
und dem »Was sind wir?«
keinen Namen geben will
Der nicht nur meine Benefits
sondern auch meine Fehler nimmt
und der willens ist durchzuhalten
auch wenn grad nicht alles stimmt
Der nicht die große Auswahl
sondern mich wählt
sein Wort gibt und dazu steht
und der ein Versprechen hält
weil ihm Treue über Freiheit
und Liebe über Probleme geht

Bin ich altmodisch
weil ich bereit bin, zu sagen
»Ich warte, statt zu swipen
und gebe mich dem Einen hin
statt alle Türen offen zu halten«?

Das hier ist ein Plädoyer für Verbundenheit
Ein Plädoyer dafür, zu sagen
»Wir werden zusammen alt«
Gegen eine Wegwerfgesellschaft
die es sogar schafft
dass nicht nur Plastik und Flaschen
sondern auch Partnerschaften
auf Müllhalden landen
Für aus Altem Neues schaffen
statt Altes zu verbannen
und Neues ranzuschaffen
Fürs Konflikte-Lösen
und Scherben auflesen
Fürs Wunden-Nähen
und Kompromisse eingehen
Fürs Aus-Fehlern-Lernen
und gestärkt hervorgehen
Fürs Zusammenleben
bis sich Augen zum letzten Mal schließen
und dann sagen zu können
»Wir haben alles gegeben«

Das hier ist ein Plädoyer
für eine Liebe
die vergibt
die erträgt
die nicht loslässt
sondern festhält
die nicht träge wird
sondern durchträgt
die nicht nach Neuem sucht
sondern ins Alte investiert
und die sagt
»In guten wie in schlechten Zeiten
ich stehe zu dir
ich stehe bei dir
ich stehe mit dir
Komme, was wolle
ich bin ein unlöslicher Teil
von diesem Abenteuer *Wir*«

Selbstzweifel

Ich bin ja mal gespannt
auf deinen zukünftigen Mann
Wen du wohl mal abbekommst ...

Das sagt man mir so oft
dass ich selber schon glaube
dass da niemand mehr kommt
der dieses Bündel
aus Emotion und Chaos
geöffnet bekommt

oder öffnet
und dann noch behalten will

Vielleicht hält mich keiner aus
Würde ich mich aushalten
würde ich es nicht müssen?

Gott
Ist da irgendjemand
irgendjemand, der passt
irgendjemand, der aufpasst
dass ich mich nicht
in mir selbst
verlier?

Fast eine Liebesgeschichte

Sie stand besonders früh auf
Trug das neue Kleid
Gestern noch gekauft
Vom letzten Schein
– eine Investition in die Zukunft –

Sie war so pünktlich
ihr Make-up perfekt
der Magen ganz kribblig
Das Haar hochgesteckt
– hoch wie ihre Hoffnungen –

Er schrieb ihr zu spät
»Sorry, schaff's heute nicht
hab die Zeit echt verpennt«
Und die Hoffnung, sie wich
– mit der Zukunft dahin –

Ihre Antwort klang schlicht
»Das ist gar kein Problem,
jeder macht Fehler,
ich kann das verstehen«
– du willst mich halt nicht –

Er glaubte die Lüge
Sie zahlte den Wein
Schluckte die Tränen mit Mühe
Und ließ das Haar fallen
– runter zu ihrem Selbstbewusstsein –

Verliebt, verlobt

Verliebt
verlobt
verheiratet

Oder eher

interessiert
ignoriert
umworben

verliebt
verlobt
du bist für mich gestorben

herangezogen
angelogen
verletzt
verzweifelt
und betrogen

verlassen
gebrochen
geborgen

geheilt
befreit
für Neues bereit
entzweit
viel Zeit verloren

Hoffnung machen
missverstanden
aufheben dann
fallen lassen

hoffnungsleer
sehnsuchtsschwer
doch kein Glaube
an die Liebe mehr

verträumt
versäumt
verstorben

und nie gelernt
in Liebe
für sich selber zu sorgen

Einsamkeit

Die Frage war: »Wie geht es dir?«
Die Antwort kommt nur langsam:
»Um ehrlich zu sein, nicht so gut
ich fühle mich so einsam«

An deinem Zögern merke ich
das kostet dich viel Kraft
Es ist nicht leicht zu sagen
was Stille mit der Seele macht

Emotionen sind berechtigt
und ich red deine nicht klein
Ich glaub, in diesen dimmen Tagen
fühlen sich viele sehr allein

Meine Stirn in Falten
ziehe ich dich zu mir heran
hoffend, dass meine Umarmung
Hoffnung spenden kann

Ich wünsche dir Gesellschaft
etwas mehr als nur dich selbst
Ich wünsche, dass das nächste Jahr
Gemeinschaft für dich hält

Das hier ist nur ein Moment
und er wird bald wieder gehen
Du bist von Liebe umgeben
doch kannst sie grade nicht sehen

Bis du sie wiedersehen kannst
hoff ich, dass du nicht vergisst
Du bist bedingungslos geliebt
und wirst von anderen vermisst

Sehnsucht

Sehnsucht ist auch eine Sucht
bloß wie ein Vollzeit-Entzug
auf der Suche nach der Droge
die das Sehnen
zu befriedigen versucht

Es heißt »Wer suchet, der findet«
nicht »Wer suchtet, der findet«,
weil nur findet, wer da sucht
wo sich Erfüllung und Sinn
nicht an Menschliches bindet

Hat deine Seele das jemals
zu sehen versucht?

Klick

»Denkst du, das gibt es wirklich?
Dass man sich trifft
und auf den ersten Blick
merkt, wie ähnlich man sich ist?«

Ja, das denke ich
weiß ich fest
Es gibt Menschen
mit denen du einfach klickst
ein, zwei Sätze sprichst
und du weißt
dass da die gleiche Ebene ist

Klick
Wohlgefühlt und abgespeichert
Doch leider heißt das nicht
dass ein *Klick* in deinem Kopf
für beide Köpfe spricht

Irgendwann

Irgendwann schenkt Gott dir
ein »Plötzlich«
ein »Auf einmal«
ein »Vom einen auf den anderen Tag«
an dem dann alles anders war

Bis es also so weit ist
versuch nicht zu verpassen
dein »Damals« und
dein »Es war einmal«
mehr als leere Worte sein zu lassen

Wimmelbild

Hitzewellen
die noch am Abend
gegen meine Wände schlagen

Zwei offene Fenster –
akustisches Wimmelbild
Schlaf abgewimmelt

Gedanken in meinem Kopf
temperaturüberlastet
aber frischluftversorgt

Magst du mich echt?
Dunkelheit erstreckt sich
im Zimmer nahtlos bis
nach draußen
dass, was draußen ist
auch draußen bleibt

Immer fliegt alles ins Licht
Bin ich Licht
für dich?

Brücken

Ich bin ein Regenbogen

Regen und Sonne streiten sich um mich
Er färbt mich blau
sie gelblich
Ich bin wunderschön
das bin ich
Und ich kann dich tragen
dir ganz genau sagen
wo du Gold findest
und dann wölb ich mich für dich
nach oben
Brücke zum Glück
doch nach kürzestem Stück
treibt der Regen die Sonne zurück
und ich breche
und du fällst mit mir
und meine Farben nützen dir nichts
denn sie halten nichts aus
Nein, sie schützen dich nicht
Ich bin nicht das
was du brauchst
Du siehst mich
wenn du hochschaust
aber ich führe nur
von Boden zu Boden
mit mir kommst du nie nach oben

Du brauchst grauen Beton
der dich aushalten kann
praktisch, stabil, tüchtig, elegant
und nicht glänzende Farben
die keine Stürme ertragen
Dein Gold liegt woanders

in sicheren Gefilden
die vielleicht nicht so schön sind
aber bessere Brücken bilden

Ein bisschen weniger anders

Manchmal wünsch ich mir, wir zwei wären
ein bisschen weniger anders

Manchmal wünsch ich mir
du fragst von selbst
»Wie fandest du's?«
Und dann antworte ich: »So«
Und du antwortest: »Ich auch«
Und dann freuen wir uns dran
dass wir so gleich sind und
so gleich empfinden

Und dann fragst du mich
»Warum?«, interessiert
wie ich zu meinem Urteil komm
Und ich erkläre dir: »Weil dies«
Du sagst: »Und außerdem weil das«
Und dann nicke ich: »Genau«
Und dann nimmst du meine Hand
weil das mit uns halt einfach passt

Aber du und ich sind anders
niemals ganz im selben Takt
Macht's doch auch irgendwie besonders
wenn man mit jeder neuen Antwort
eine neue Frage hat

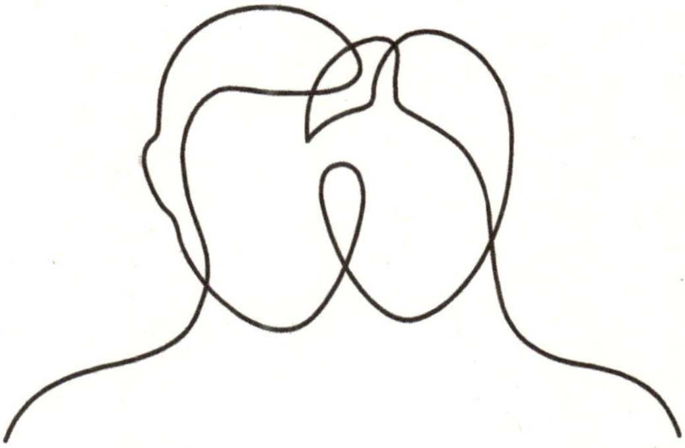

Blind vor Liebe

Wenn weniger mehr ist
ist alles dann nichts?
Wenn Liebe uns blind macht
siehst du mich deshalb nicht?

Pins

Er stach einen Pin
in die Landkarte ihres Herzens
Schrieb »Ich war hier«
an jede Seelenwand
Ein Stich für jeden Ort
den seine Worte je berührten
Ein Strich für jeden Moment
an dem Hand auf Körper traf

Und als er sie verließ
nahm er die Nadeln alle mit
zog sie entlang
ihrer Flächen und Kanten
zerkratztes Glas
zerstochene Wände
und entzündete Gefühle
die seine Hände kannten

Nadeln und Klingen mitgerissen
vom Herz in Blutbahnen hinein
noch heute sind sie überall
nur er wird nicht mehr
aufzufinden sein

Unendlichkeit

Es ist irgendwie traurig:

Da sind unzählig viele Sterne
im unendlichen Universum
und ewige Weiten über mir

doch in meinem Kopf nur du
und der ewige Wunsch
nach Unendlichkeit
mit dir

Gefühlsleinwand

Oh, Liebling
Gefühle sind zum Fühlen da
das solltest du genießen
Nimm ihre Höhen und die Weiten
und auch ihre Tiefen
Probier das ganze breite Band
an Glück, Schmerz, Emotionen
Lass sie dir auf der Zunge zergehen
anstatt dein Herz zu schonen

Empfinde es als Vorrecht
diese Vielfalt zu erleben
Gefühle sind die Farben
auf der Leinwand deines Lebens

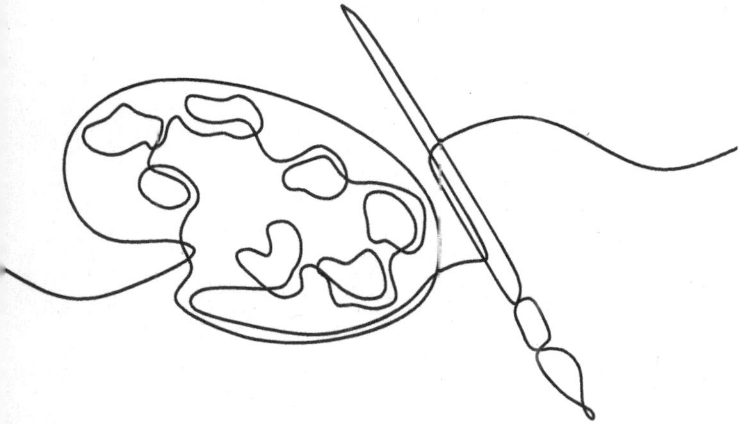

Was ich brauche (und was nicht)

Ich brauche
selbstbewusste
laute
lockre
gute Laune

Ich brauche
lächelnd
ehrliche
Telefon
Komplimente

Ich brauche
Streitgespräche
mit offenen
ruhigen
Händen

Ich brauche
Reisefieber
Bereitschaft
spontan im
nächsten Flieger

Ich brauche
zusprechende
Stille
wortgewaltige
Stimmen

Ich brauche
planenden
Durchblick
in allen
Gefilden

Ich brauche
liebende
Augen
und erste
Schritte

Ich brauche
aufmerksame
Fragen
selbst gedachte
erinnernde Gedanken

Ich will
nur dich
doch das alles
bietest du
mir nicht

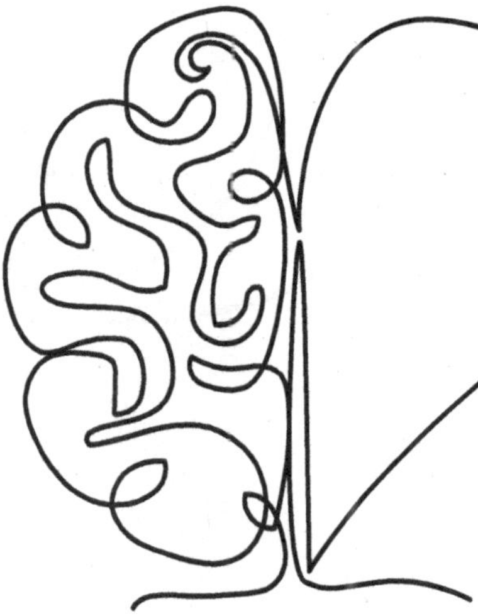

Die ganze Wahrheit

Und in dieser Nacht
war ein halber Mond
schöner
als die ganze Wahrheit

Grün und blau

Wüsste ich einen Weg
dich mir aus dem Kopf zu schlagen
hätte ich mich schon lange
grün und blau geschlagen

Unverdient

Niemals zuvor
hat irgendwer
meine Gedichte
weniger verdient
und mehr

Wenn Gefühle sterben

Wenn Gefühle sterben –
wo gehen sie dann hin?

Das hier ist das Ende
Das letzte Hunderter Gedichte
die ich die letzten Monate
über dich verschriftlichte

Wann immer Tropfen von Tinte
auf meine Seiten schlugen
formten sie deinen Namen
unweigerlich

Diese Zeilen kennen dich
viel zu gut

Aber das hier ist das Ende
Das letzte Hunderter Gedichte
die ich nebeneinandersetzte
um dich am Leben zu halten

in mir
um mich am Leben zu halten
mit dir
in mir

Ich hab geglaubt
solange ich über dich schreibe
ist es mehr als bloß ein Traum
Realität, für eine von beiden

Ich habe uns zusammen gesehen
wissend, es würde niemals gut gehen
hab mich mit dir gesehen und
so gefiel ich mir gut

Aber das war damals
Vergangenheit
als noch jede meiner Zeilen
deine Handschrift trug

Doch genug
Genug nun, wo ich weiß
dass Gedichte bloß leere
Traumworte bleiben

Meine Kunst hat
mich selbst betrogen

Und jetzt weiß ich nicht, wohin
ob ich neue Arme find
Hab zu viele Träume
In deinen verbracht

Was hat es mir gebracht?

Soll alle Zeit umsonst sein?
Alle Zeilen ungesprochen bleiben?
Ich will mitteilen
dass du mal mein Alles warst

dass du so liebenswert bist
dass es all meine Worte fraß
um Wort dem zu verleihen
was ich in dir als vollkommen ansah

Wie schade um die Liebesbriefe
Die nun ins Leere fliegen

Aber dieser ist der letzte
gefüllt mit schweren Sätzen
mit denen ich all das in mir beisetze
was ich dir je vorbehielt

Und ich möchte dich begraben
aber weiß nicht ganz, wie, denn
ich sah Menschen sterben, doch
Gefühle sterben fühlte ich noch nie

Und ich würde sie begraben
doch ich kriege sie nicht raus
ihre Überreste liegen noch
hart und kalt in meinem Bauch

Sag mir:
Wenn du mich definiertest
wer ich dann jetzt bin

Und:
Wenn Gefühle sterben –
wo gehen sie dann hin?

Komm

Komm, sag doch noch mal
»Jetzt ist es echt vorbei
ein für alle Mal!«
und lass dich noch mal drauf ein
damit es unendlicher scheint

Komm, träume noch mal ganz groß
von der Liebe und so
und werd noch mal ersetzt
und werd noch mal verletzt
anstatt dein Herz zu schonen

Komm, schreib noch mal eine Nachricht
schreib noch mal ein Gedicht
auf deren Antwort du wartest
das niemand je zu hören kriegt
denn du bleibst leise verliebt

Gib es zu
dir gefällt das doch
dieses makabre Spiel aus
Hoffnung schüren
Gefühle fühlen
und langsam den Verstand
verlieren

Komm, mach's noch mal
aber versprich mir fest
dass du den Schmerz am Ende
nicht wieder an mir auslässt

Lebensfreude

Lebensfreude
Hab dich kurz verloren
dann wiedergefunden
Im Geruch von Regen
auf Spaziergehrunden
Im Gespräch mit einer Freundin
die ich längst vergessen hatte
Im Touristin-Werden
in meiner eigenen Straße
Im Wiedererlernen
meiner eigenen Sprache
Im Gastgeber-Sein
für einen altbekannten Gast

Ja, zu mir selbst freundlich zu sein
hat mir dich zurückgebracht

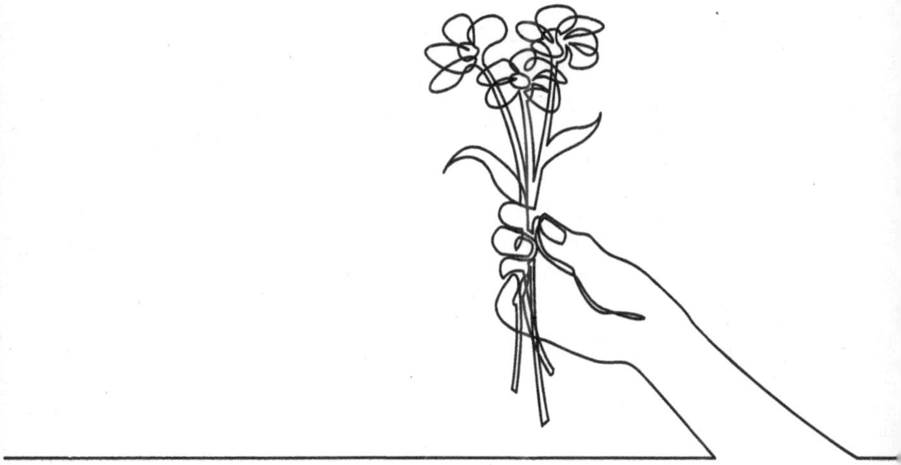

Gute-Nacht-High-Fives

Diese Freundschaft ist
adrenalingetränkte Wortgefechte
Parallel-Gedanken-Witze
Sie ist pure Ehrlichkeit
so ehrlich, dass
es mich nachts verfolgt
Sie ist ein Kampf
ums Bestehenbleiben
Sie ist Wertschätzung
trotz Dürrezeiten
Sie ist Verletzen und Vergeben
ein Geben und Nehmen
Gebete voll Sorge
du verpasst noch dein Leben
Sie ist freundschaftliche
Gute-Nacht-High-Fives
und Einbahnstraßen-Geschichten
Sie ist anstrengend
Sie fordert mich
aber ich bin dankbar
unendlich

Es tut mir so leid

Es tut mir so leid
Was soll man dazu sagen?
Ich kann nicht an dich denken
ohne sie
Als wäre mein Universum
ins Schwanken geraten

Ihr wart ein Gewicht
jetzt verteilt es sich
neu

Es tut mir so leid
Ich hab an euch geglaubt
das hab ich wirklich
Ich wollte wirklich
dass es funktioniert
dass ihr funktioniert

Ihr eure gemeinsame
Ewigkeit zelebriert
zusammen

Und sie hatte den Ring fast am Finger
und es schien alles so sicher
so heile
Hätte nie gedacht
dass ihr zurückzerfallt
in eure Einzelteile

Und jetzt ist es so
Und es tut weh
etwas

Weil zwei ganze Leben sich ändern

Die ein gemeinsames gewesen wären:
Hände, die sich nicht verloben werden
Häuser, die nicht bezogen werden
Kinder, die nicht geboren werden
Erinnerungen, die verloren werden

Ich gebe zu
Ich habe nie gedacht
dass ihr zusammenpasst
und trotzdem hätt ich euch gewünscht
dass eure Liebe
klappt

Dornen

Es ist schwer loszulassen
Vor allem, wenn das
was du hältst
voll Dornen ist
und jede Dorne sich
in dein Fleisch reinfrisst

Und du öffnest die Hand
und jeder Stich brennt
kannst noch sehen
wie es hängt
irgendwo dran
irgendwo fest

Es lässt Narben zurück
doch der erste Schritt ist
loslassen
dann rausziehen
und gut desinfizieren
(mit Freundschaft statt Alkohol)

Die Wunde wird heilen
und deine Hand wird bald schon
eine neue halten

Wie die Vögel

So wie Vögel noch bei Regen fliegen
kannst du noch in Enttäuschung lieben

Tabu

Du bist tabu
auf diese Art in meinem Kopf

Jeder darf da rein und
aus jedem wird, was mir gefällt
aber nicht du
Bitte werd nie eine dieser
meiner Kopfgestalten
Du bist zu gut real
als dass ich dich entfremden wollte
durch innere Monologe
und zu viel Sehnsucht
gemischt mit zu viel Fantasie
Du bist tabu
weil unsere Verbindung,
wie sie ist, vollkommen ist
Muss da gar nichts zutun
will gar nicht dran denken
Ich will unsere Freundschaft
ehrlich, wie sie ist
nicht verschenken

Doch sobald meine Gedanken Kreise ziehen
beginn ich mich
zu verrenken
zu verfälschen
zu ertränken
zu verbrennen
zu benehmen
wie nicht ich

Bitte bleib tabu
für mich

Frohes Schaffen

Denkst du, unsere Freundschaft
schafft, aus Freunden
mehr zu machen
?

Schach

Ein Spiel
zwei Spieler:
Möge der bessere gewinnen

Unsere Freundschaft
ein Spielbrett
und wir mittendrin

Bist du dran
oder ich?
Durchschaust du mich?

Es gibt kein Schwarz
kein Weiß mehr
und ich versteh uns nicht

Keine Klarheit
Keine Strategie
seit da Liebe im Spiel ist

Keine Sicherheit
kein Schlachtplan
seit du mehr für mich bist

So viel Raum
so viele Fragen
und vor mir dein Gesicht

Und ich denk
und denk uns schon kaputt
bevor wir etwas sind

Und ich denk
und denk es schon kaputt
bevor etwas beginnt

Mondaufgang

Komm, wir gucken dem Mond
beim Aufgehen zu
drehen der Sonne den Rücken
und ihrem Spiegel unsere Aufmerksamkeit zu

Wir verabschieden nicht den Tag
nein, wir begrüßen die Nacht
denn bisher haben die späten Stunden
stets die besten Geschichten gebracht

Und dann bleiben wir wach
reden über all die Dinge der Sorte
die der Tag nicht hören sollte
in Sternenglanz statt Farbenpracht

Und dann gucken wir dem Mond
beim Untergehen zu
und sagen im Morgengrauen
Gut' Nacht

Die beste Nacht

Gute Nacht
bessere Nacht
die beste Nacht
ist die
nach der ich morgens schon
mit deinem
Guten Morgen
erwach

Was sind wir

Du ermutigst mich, mutig zu sein
Wolkenkratzer sind plötzlich nicht zum Bestaunen da
sondern zum Besteigen
Fahrräder werden zu Freiheitsspendern
in nachtbeleuchteten Großstadtszenen
Es ist schön, dich so zu sehen
gespiegelt in einer verglasten Fassade
ich neben dir stehend
passt irgendwie
Und auf der Rückfahrt Fenster runter
Musik laut und mitunter
unterbrochen von Navigationsangaben
weil wir einfach so mal zwei Stunden fahren
nur für einen Abend
Einen Abend weg sein
einen Abend für sich sein

Und du sagst
»Ich genieß die Zeit mit dir«
und ich nicke nur und lächle
und denke innerlich
»Und ich erst«
doch kann es nicht aussprechen
Muss Liebe von Freundschaft unterscheiden
bevor ich sie verwechsle

Was sind wir?
Ich wurde das so oft gefragt
und hab bisher immer eine Antwort gehabt
Jetzt scheint es nicht so klar, wie es damals noch war

Was sind wir?
Nur zwei Freunde, die jeden Tag telefonieren?
Nachrichten schreiben, die schreien:
Ich bin an allem an dir interessiert?

Was sind wir?
Nur echt gute Kumpel, die einfach so fragen
»Was geht in dir vor?«
Und du fragst nach meinen Tiefpunkten
sagst, du willst sie alle kennen
und ich frage mich
»Wofür?«

Wenn wir nur Freunde sind
lass bitte meine Schwächen unberührt
Denn wenn ich tiefste Tiefen mit dir teile
werden das ganz schnell Herzensteile
Und ich kann dir nichts geben
von dem ich nicht weiß
ob ich was dafür zurückerhalte

Und wir machen Witze darüber
dass die Leute reden
beliebtestes Gesprächsthema und
wirklich jeden Tag fragt mich jemand
ob zwischen dir und mir was gehe

Wenn sie schon alle damit rechnen,
sollte das vielleicht bedeuten
wir zwei sollten mal sprechen?

Weil einfach gute Freunde gehen
nicht einfach zusammen essen
und landen auf einem Boot bei Wein
und guten Gesprächen
Einfach gute Freunde
reden über Interessen
doch du und ich reden viel zu oft
über dich und mich und
was uns beide definiert

Ich wünschte, die Unsicherheit verschwände
Jahrelang stand nichts zwischen uns
jetzt kennen wir uns besser denn je
aber zwischen uns steht eine Frage
der wir aus dem Wege gehen:

Was sind wir?
Nur gute Freunde, die jeden Tag telefonieren?
Wenn ja, warum tut es dann so weh zu wissen
in zwei Monaten werd ich dich verlieren
werde zurückziehen in eine Stadt
2 Stunden und 18 Minuten
entfernt von hier

Und warum konntest du mir das so genau sagen
als hättest du dich selbst über Distanzen informiert?
Hast du auf Google eingegeben:
von meinem Haus zu ihr?
Machen das gute Freunde so?
Ich bin so verwirrt

Und ich würd ja drüber reden
doch weiß ich gar nicht, was
und wie
und ob es wirklich nötig ist –
oder wäre es ein unnötiger Riss
in einer Freundschaft
die doch eigentlich vollkommen ist?
Ist Reden eine Lösung, was uns betrifft?
Denn eigentlich gibt es doch eh keine Klärung
solang ich nicht weiß
was meine Meinung zu alledem ist
Aber ich kann mir keine Meinung bilden
solange ich nicht weiß
woran ich bei dir bin

Ein Teufelskreis
denn du wirst es mir nicht sagen
bis ich offen danach frage –
was ich definitiv nicht vorhabe

Zu viel Überwindung,
und zu viel Risiko
für eine Situation
ohne absehbare Lösung

Also beschließ ich zu schweigen
und einfach weiter
im Wege stehende Fragen
zu meiden

Mensch der kleinen Zeilen

Du bist kein Mensch der großen Worte
und das musst du auch nicht sein
Die wirklich großen Worte
passen in die kleinsten Zeilen

Erwählt

Ich habe jeden Tag die Wahl
mein Leben zu gestalten
meine Zukunft spaltet sich
in tausend Möglichkeiten

Ich hab so viel in meiner Hand
doch bedeutet mir am meisten
dass du mich aus Milliarden wählst
deine Hand zu halten

Zeitlos

Ich bin nicht gut im Dinge-Anfangen
weiß nie, wo ich starten soll
erst fehlen mir Ideen, dann Worte
mein Kopf ist leer und dann zu voll

Ich bin nicht gut im Dinge-Durchziehen
im Dranbleiben mit Disziplin
bin so oft zu sehr abgelenkt
und lass Gelegenheiten ziehen

Ich bin nicht gut im Schlussstrich-Ziehen
Perfektionismus lässt kein Ende zu
Nichts ist jemals wirklich fertig
Nichts ist jemals wirklich gut

Ich bin nicht gut in vielen Dingen
Ich kann vieles nicht so gut
Aber du und ich, wir waren, sind und werden
wie von selber, ohne Zutun

Du und ich, wir waren, sind und werden
zeitlos gewesen, sind und sein
Dafür muss ich gar nichts können
Darf für immer bei dir bleiben

Farbenfroh

Momentan fühlt sich Laufen wie Fliegen an
und ich weiß, alles fängt immer rosa an
und wird dann zu Schwarz-Weiß
doch ich wünsch mir, wir zwei
bilden Ausnahmen in diesem
Verblassungskreis

Weil wir noch nie pures Rosa waren
könnten wir für immer
farbenfroh sein

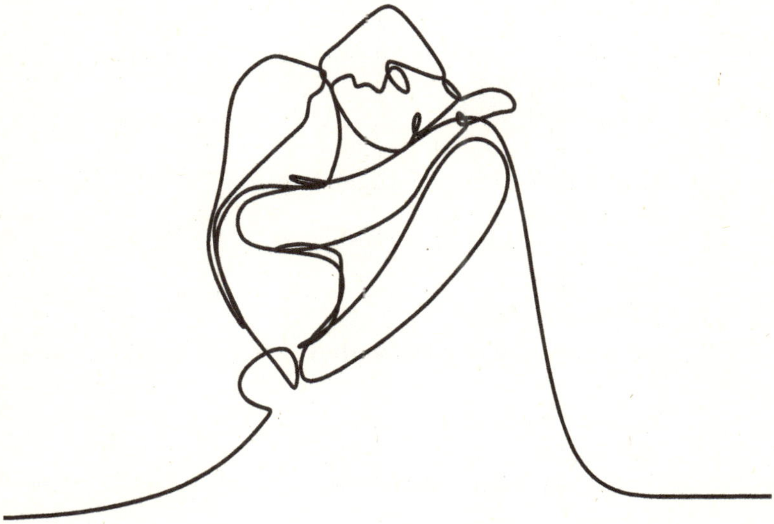

Narnia

Du nimmst mich mit in eine Welt
die für mich anders ist und neu
Sie ist nicht das, was mir gefällt
ist vielmehr alles, was ich scheu

Doch während meine Hand
die deine hält
ist es so okay
weil ich weiß, dass ich
an deiner Seite
immer sicher steh

Und während meine Augen
deine finden
kann ich damit leben
Deine Welt
wird meine Welt
wo wir uns zu zweit befinden

Egal mit wem
und egal wo
du findest mich zurecht
Solang ich bei dir bin
gehör ich hin
bleiben wir echt

Halt mal bitte

»Halt mal bitte«
Du streckst deine Hand aus
ich leg meine rein
und meine den Moment

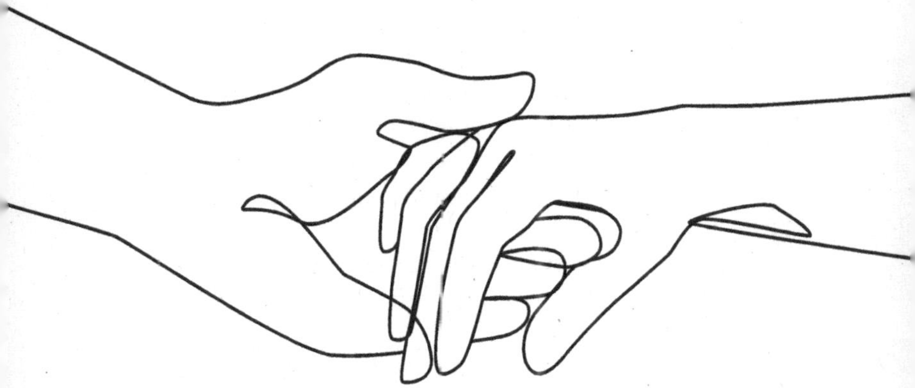

Vermissungen

Ich spüre sie heute mehr als gestern
und morgen werden sie stärker

Vermissungen

Feine Stiche ich Brustbereich
Gedanken, die nur um »Ich liebe dich« kreisen
Doch ich kann es nicht sagen
ich kann es nur schreiben

Vermissungen

Es ist schöner, wenn du da bist
Es ist schöner mit dir hier
doch noch liegen viele Stunden
trennend zwischen dir und mir

Vermissungen

Hab dich zehn Tage nicht gesehen
Und es werden noch fünf mehr voller

Vermissungen

Falls ich's noch nicht gesagt hab:
Ich vermiss dich sehr

Kleine Welt

Du gehörst in meine Welt
und ich gehör in deine
Ich gehör in deine Stadt
doch sitze noch in meiner

Wann sich das mal ändern wird
weiß bis jetzt noch keiner
Sie sagen: »Hey, die Welt ist klein«
ich wünschte, sie wär kleiner

Drahtseilakt

Ich bin ein Stimmungsschwankungsmensch
und ich ändere mich wohl nie
mein Emotionsdrahtseil gespannt
jeder Schritt kostet Energie
schwank zwischen
himmelhochjauchzend
und gedankenvertieft
bin mal wie freudenbetrunken
und dann voll Melancholie
erst ambitionenversunken
dann überzeugt: Ich schaff das nie
Ich bin nicht gut genug
doch im nächsten Moment selbstverliebt
geh in unter fünf Sekunden
von tiefenentspannt zu manisch
guck ich runter, bin ich manchmal
ganz euphorisch – manchmal panisch

Und wenn du mit mir auf dem Drahtseil tanzt
tut mir das ehrlich leid
ich will es nicht zum Schwanken bringen
doch finde zu oft keinen Halt
Schon oft war ich es selber
die mich in den Wahnsinn trieb
und ich muss stets aufs Neue lernen
dass immer eins beim selben blieb:

Fall ich zur Rechten oder Linken
und verliere die Balance
weiß ich: Starke Hände fangen mich
und geben mir 'ne neue Chance

Schulden

Ich schulde
Menschen Emotionen
die ich mir
nicht leisten kann

Ich brauche
einen Rückzugsort
um mit mir selber
klarzukommen

Lieblingstag

Bist du nicht hier
kann ich nicht warten
bis ich dich endlich wiederhab
Ab heute ist
»noch keinmal schlafen«
wohl mein neuer Lieblingstag

Versteh das einer

Ich wünsch mir nichts mehr
als verstanden zu werden
Doch fällt mir nichts schwerer
als Verständnis zu lernen

Guttun

Ich will nicht die Kugel in deinem Lauf sein
nicht der Strick, an dem du hängst
nicht der Stein, der dich trifft
nicht das Messer, das verletzt
nicht der Absturz, nicht das Gift
Ich will nichts Schlechtes für dich
Ich will nicht schlecht sein für dich

Ich will dir guttun und
ich will gut daran tun
dir mehr Leben zu geben
als dir Leben zu nehmen

Ich will dir Rückenwind beim Lauf sein
dein Geländer vor dem Fall
der Rettungsschirm vorm Aufprall
und der Schutzschild vor dem Feind
werde Medizin bei Krankheit
in der Schwebe Sicherheit
Ich will das Beste für dich
werde die Beste für dich

Und ist das so in Gottes Sinn
Hoffe ich, dass ich eines Tages
vor allem dein Zuhause bin

Beängstigend

Ist das nicht irgendwie beängstigend?

Ich leg mein Glück in deine Hand
und du legst deins in meine
Ich hab dich nicht in meiner Hand
und du mich nicht in deiner
So lieben wir und hoffen nur
dass, was grad ist, auch bleibt
Und übst du Druck auf mein Herz aus
zerquetsche ich auch deins

Man fragt mich: »Wovor hast du Angst?«
als sei sie nicht der Liebe Teil
Ich liebe, doch was tun wir denn
wenn Liebe uns entgleitet?

Ich liebe, doch ich hab auch Angst
dass Liebe uns zerreißt

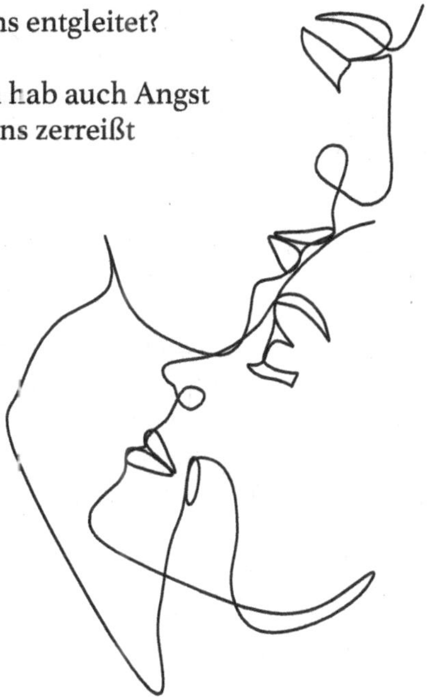

Manchmal

Manchmal denke ich
ich weiß gar nicht
was Liebe ist
Ich kann das gar nicht fühlen
Doch dann gehen wir
durch den Tag
und ich will immerzu
nur deine Hand berühren

Manchmal denke ich
ich spüre nichts
hab mir das nur ausgedacht
Doch dann wird es Nacht
du schläfst und ich bin wach
und ich vermiss dich schon
dabei liegst du direkt da

Manchmal denke ich
das wird so nichts
wir zwei sind zu verschieden
Aber rufst du an
und wir reden dann
scheint Zeit Bedeutung zu verlieren

Manchmal denke ich
Ich schaff das nicht
du bist mir viel zu schwer
Doch du bist und bleibst
mein bester Freund
und ich will keinen andern
mehr

Zu zweit unendlich

Traurig streift mein Blick das Meer
am Horizont entlang
Schon jetzt vermisst mein Herz es sehr
die Hände tief im Sand

Ein letzter Urlaubstag zieht
seine allerletzte Bahn
Ich will noch nicht nach Hause
doch es dauert nicht mehr lang

Ich verrate es dir leise
und du blickst mich lächelnd an
schüttelst deinen Kopf und dann
sagst du unverwandt:

Ich freu mich aufs Zu-Hause-Sein
denn das hier endet zwar
doch bin ich froh zu wissen
dass das nicht das Ende war

Traurig wär's, wären du und ich
nur kurz, für diesen Sommer
Doch weil wir zwei für immer sind
setzen wir statt 'nem Punkt
ein Komma

Über die *Welt*

Viel zu wenig

Ich weiß zu viel
um nichts zu tun
Ich hab zu viel
um nichts zu geben

Ich kann zu viel
um auszuruhen
Es ist zu viel
um wegzusehen

Bei mir angefangen

Manchmal will ich etwas sagen
doch meine Stimme ist zu leis
in einer Welt, die laut pulsierend
immer brüllt und niemals schweigt

Manchmal stehe ich kurz auf
doch vergesse dann, wofür
denn ich kann ja gar nichts tun
will viel bewegen, nichts berühren

Manchmal könnt ich mutig sein
doch bleibe weiterhin nur ich
und obwohl ich eine Meinung hab
vertrete ich sie nicht

Manchmal bin ich überwältigt
von der Größe dieser Welt
Manchmal bin ich unterwältigt
vom Vermögen meiner selbst

Manchmal fällt mir dann kurz ein
dass du meine Hände hältst
und dass das Kleine, was ich tun kann
im Bild des Größeren viel zählt

Immer ist es eine Wahrheit
die jeder kennt, doch kaum versteht:
Diese Welt verändern wir nur dann
wenn jeder mithilft, sie zu drehen

Bei mir angefangen

Heruntergefallen

Es ist, als sähe ich ein Glas

Es tanzt auf der Fensterbank
kreisend, wankend
am Abgrund entlang
dem Absturz so nah

Ich könnte es fangen

Doch ich schaue nur zu
und ich greife nicht hin
als wär's die Mühe nicht wert
als hätte es eh keinen Sinn

Und dann fällt es

Schlägt erst entzwei auf der Heizung
dann in tausend auf den Fliesen
und ich blinzle und denke
hätt ich das doch bloß vermieden

Schade drum

Doch so wirklich leidtun
wird es mir erst
wenn ich dann bemerke
Ich trage keine Schuhe

Und der Boden ist voll Scherben

Gedicht

Gucke in den Spiegel
in mein Gesicht
und drauf wandert
eine weitere Schicht
Gedicht

Warum tun Worte so gut?
Warum fühlt es sich an
als bräuchte ich sie zum Leben
wie das Blut in meinen Venen?

Ich sehe dich
wie du langsam zerbrichst
und flick dich zusammen
mit Nadelstich
in Form eines Gedichts

Warum können Zeilen
aus Buchstaben heilen?
Wie Pflaster und Binden
lassen sie Schmerzen verschwinden

Ich beäuge die Welt
sie zerfällt in sich
und ich bitte dich:
Pack die schlechte Nachricht
bloß in ein Gedicht für mich

Warum können Reime
in Versform selbst Leid
in etwas Feines, fast Reizendes
verkleiden?

Ich kann es erkennen
aber verstehe es nicht
doch bin unendlich dankbar
denn so wird jede Emotion
zum Gedicht für mich

Liebes Instagram

Liebes Instagram
ich wurde nicht für dich geschaffen
das vergesse ich so oft
Du sperrst mich in ein Viereck
setzt mir Ideale in den Kopf
Du lässt mich vergessen
dass ich ein echtes Leben lebe
und andere Menschen auch
Lässt alles weich und schön erscheinen
und blendest Schattenseiten aus

Was ich sehe, ist:

Eine Frau liest ein Buch
im Sport-BH, mit flachem Bauch
zu Hause auf der hübschen Couch
Und ich denke mir
»Wow – was die kann, kann ich nimmer«
Ich wäre gerne so belesen
und auch gerne etwas fitter
doch bei mir scheitert es schon
an der Ordnung hier im Zimmer
Und überhaupt
wär dann auch niemand da
um sich um die Kamera zu kümmern

Was ich nicht sehe, ist:

Sie ist alleine mit dem Selbstauslöser
unterm Buchdeckel versteckt
Auf dem Boden hinter dem Stativ
liegt der ganze Dreck
Pullis auf links gedreht
und halb gegessene Aprikosen

aufgeklappte Ordner
und Mehrfachsteckdosen
Das Buch will sie zwar lesen
doch fängt sie stets von vorne an
weil sie sich mit dem Handy in der Hand
so gar nicht konzentrieren kann

Was sie sieht, ist:

Mein »Gefällt mir« –
eine Fremde, die ihr zeigt
dass ich gerne wär wie sie
oder eher wie ihr Schein
Und dann fühlt sie sich schlechter
denn sie ist der einzige Faker
auf einer Plattform voll Perfekter
und jeder kann es besser
und jeder hat mehr Likes
Zumindest jeder
mit dem sie sich vergleicht

Was sie auch sieht, ist:

Ein neuer Beitrag auf dem Feed
von dem Pärchen, das sie so beneidet
weil sie immer glücklich sind
Beide sehr erfolgreich
eine Geschichte wie im Lied
Sie haben niemals einen Streit
und sind bewundernswert verliebt
Er hat sie im Arm
während sie einen Cocktail trinkt
heute in Barcelona
und dann morgen in Beijing

Was sie nicht sieht, ist:

Den Zeitstempel der camera roll
schon sechs Monate her
Vom gleichen Urlaub wie auch schon
die letzten zwanzig Bilder
Denn während er es hochlädt
sitzt er gebeugt auf der Toilette
und denkt an längst vergangene Zeiten
die er gerne wiederhätte
Sie wollten immer Kinder
doch dann haben sie erfahren
dass das nur Träume sind
sein werden und immer waren
So richtig ernst geredet
haben sie seit Wochen nun nicht mehr
Alles fühlt sich für ihn fake an
nur noch aufgesetzt und leer

Was er sieht, ist:

Ihr »Gefällt mir« –
eine Fremde, die ihm zeigt
dass sie sein so perfektes Leben
wirklich sehr beneidet
Oder sie täte es zumindest
wäre es unterm Filter nicht so trist
Und dann fühlt er sich schlechter
denn er ist der einzige Faker
auf einer Plattform voller Perfektion
Und statt eines neuen Followers
hätte er lieber seine Frau zurück
und vielleicht auch einen Sohn

Was er auch sieht, ist:

Ein neuer Beitrag auf dem Feed
von meiner Wenigkeit
und ein paar Sätze, die ich schrieb
Und dann denkt er sich
»Wow – die hat das Leben raus«
Das lässt ihn eher sinnlos fühlen
als dass es ihn erbaut

Was er nicht sieht, ist:

Dass ich meistens
dann erst weise Worte find
wenn ich am Verarbeiten bin
Viele schöne Worte
und philosophische Fragen
sprechen für inneres Chaos
und schleppende Tage
Viele meiner Texte sind
von andern inspiriert
und heimlich wünsche ich mir
ich wär auch so talentiert

Was ich sehe, ist:

Sein »Gefällt mir« –
ein Fremder, der mir zeigt
dass ihm offenbar gefällt
was ich da so vom Leben schreib
Ich frag mich, ob das noch so wäre
wär er sich im Klaren darüber
dass ich morgen früh schon vergesse
was ich heute noch vorgebe
verstanden zu haben

Und dann fühl ich mich schlechter
denn ich bin der einzige Faker
auf einer Plattform voll Perfekter
und anstatt Metaphern auszuspinnen
wäre ich gerne etwas echter

Und je mehr ich drüber nachdenke
desto mehr ist mir zum Lachen
darüber, dass wir alle denken
die andern würden's besser machen
Doch noch lieber würde ich weinen
um das Wissen
dass wir unglücklich werden
nur um glücklich zu erscheinen

Und manchmal hab ich dann
einen lichten Moment
in dem mein Kopf kurz versteht
dass an dieser Plattform nichts hängt
Sie ist wahrhaftig nur platt
und ich schneid Bilder in Form
während sich um mich herum
ein 4-D-Leben formt

Und das ist vielleicht nicht perfekt
aber welches ist das schon?
Ich und er und sie – nur Menschen
und Perfektion ist kein Charakterzug
darum ist sie so vorzuheucheln
offensichtlich ein Betrug

Und manchmal dann
in meinen lichten Momenten
erinnere ich mich
ich sollte den Kopf heben
statt zu senken

Ich bin gemacht für Pirouetten
unter Sonnenuntergängen
nicht fürs Täglich-um-mich-selbst-Drehen
und »Gefällt mir«-Herzchen checken.
Ich bin gemacht zum Denken
nicht zum Kopf-In-Leere-Ertränken
Zum Zeit-Füllen und Genießen
anstatt dass Stunden ins Scrollen
und Neidisch-Werden fließen

Welch verdrehte Welt
dass man sein Leben anhält
weil das des andern einem
nach außen hin
besser gefällt

Ich bin geschaffen, um ich selbst zu sein
und an mir selbst zu arbeiten
anstatt bloß Bilder meines Äußeren
auf Facetune zu bearbeiten
Ich bin geschaffen, wie ich bin
ohne @-Zeichen vor dem Namen
mit einem Leben außerhalb von Storys
und einer Haut voller Narben
Meine Augen sind nicht groß
und mein Mund ist etwas schief
So bin ich geschaffen
und so bin ich geliebt

Ich hab ein Leben
das gelebt sein will
Und es wäre undankbar von mir
es zu verschwenden
nur weil ich beliebt sein will
Was zählen die Zahlen schon
Wird mir durch sie bloß die Zeit

mit meinen Liebsten im Reallife entzogen
Liebes Instagram,

ich find dich manchmal auch ganz nett
und auch nicht alles an dir schlecht
doch ich wollt dir mal kurz sagen:

Ab jetzt wirst nicht mehr du
sondern wieder ich
die Kontrolle über meine Selbst-
und Weltwahrnehmung haben

Unter dem Filter

Was trägst du drunter
drunter, unter deinem Filter?
Bist du wirklich so gefasst
reflektiert und gut gebräunt?
Wenn du aufwachst, bist du blass?
Ist dein Leben auch unaufgeräumt?

Was trägst du drunter?
Unter *Moody up* und *Laguna*
Ist die Mood immer up
deine Haut immer glatt?
Oder bist du untendrunter so wie ich?
Chaotisch, müde, unsymmetrisch

Zeig mir dein Gesicht
mal oben ohne
Filter und Make-up brauchst du nicht
denn genau so, wie wir echt sind
sind wir echt liebenswürdig

Weitblick

Ich überschätz mich in Jahren
will zu viel zu schnell
Üb mich nicht im Abwarten
während das Ziel zu hoch hängt

Das meiste wird sich nicht ändern
von jetzt bis auf gleich
doch geht mehr Zeit in die Länder
wird sie veränderungsreich

Mein Leben ein Veränderungs-Reich
wenn ich lerne zu verstehen
Ich sollte nicht bloß Jahre
sondern auch Jahrzehnte sehen

Ich mit Kreis drum

Ich drehe mich um mich
mich, mich, mich
Mein Kopf wie ein Spiegel
Ich seh hinein
und sehe mich
meine Sorgen
meine Wünsche
meine Bedürfnisse

Wie kann ich besser werden?
Wie kann es mir besser gehen?
Warum tut man mir das an?
Warum muss ich mich so fühlen?

Immer nur
ich
Es geht immer um
mich
Ich bin immer
mein Mittelpunkt

Dabei zieht es mich runter
macht mich schwer
Ich würde lieber
    den
        Fokus
            verschieben
Und darüber nachdenken
wie ich es schaffen kann
andere zu lieben

Mehr zu geben
Mehr zuzuhören
Mehr Hoffnung zu strahlen

Ich bin so selbstzentriert
dass ich meine Stimme
doppelt höre
deine halb
24/7 mit mir selbst
im Monodialog steh

Ich steh mir selbst am nächsten
und das zu realisieren tut weh
denn ich will andere lieben
aber weiß, dass das nicht geht
wenn sich meine kleine Welt
immer um mich selber dreht

Hineinsicht

Ich reg mich auf
über den Lauf
dieser Welt

Ich reg mich auf
über den Stau
der mich hält

Ich reg mich auf
über die Zeit
die verfliegt
nie genügt

Ich reg mich auf
über die Tulpen
die viel zu schnell
verblühen

Doch Blick ich tief
blick ich klar
halte an und denke nach
muss ich immer neu verstehen
dass der Grund dieser Probleme
mir erst gegenübersteht
wenn ich in den Spiegel seh

Denn ich bin die
in dieser Welt
die sie verursacht

Ich könnte Secondhand kaufen
anstatt H&M und Zara
ich könnte mich vegan ernähren
statt den Planeten zu zerstören

Es gäbe keine Ignoranz
wär ich nicht so ignorant
doch so bin ich
und ich bin das Problem

Ich könnte Bahn fahren statt Pkw
denn wenn ich aus dem Fenster seh
sehe ich Massen an Verkehr
die durch Menschen so wie mich entstehen
Es gäbe keinen Stau
ohne mich in meinem Auto
doch hier sitz ich
Ja ich bin das Problem

Ich könnte Bücher lesen
statt zu rennen, bloß mal stehen
könnt Sekunden zählen und dabei merken
wie langsam sie vergehen
Die Zeit würde nicht fliegen
würd ich ihr erlauben, ruhig zu liegen
doch ich erlaub's nicht
und ich bin das Problem

Ich könnte Samen säen
und Leben schenken, statt zu nehmen
Die Blumen würden länger blühen
wären sie noch in ihren Beeten
doch anstatt dass sie dort stehen
wollte ich sie zu mir nehmen
und man schnitt sie
Ja ich bin das Problem

Ich schätze, jeder, der bewusst lebt
muss dem wohl ins Auge sehen:
Es bringt nichts, sich aufzuregen
liegt das wirkliche Problem
nicht irgendwo da draußen
sondern tief in unseren Seelen

Man sagt:
Der erste Schritt zur Besserung
ist Einsicht
eine echte In-mich-Hineinsicht
und ich will ihn gehen

Doch ich will auch die Kraft haben
mit Anlauf, ja – mit wehenden Fahnen
noch den zweiten Schritt wagen
und das in mir Gefundene
aufzuwühlen
auszugraben
und schließlich
ausgebessert
neu
nach außen zu tragen

Frustrierend

Ist es nicht frustrierend?
Eine Seele zu sein, die so wenig weiß
über ihre eigene Existenz
Ein Gehirn zu sein, das so wenig weiß
über sein eigenes Fassungsvermögen
Ein Herz zu sein, das so wenig weiß
was es fühlen soll
und wie

Und ein Mensch zu sein,
der so wenig weiß
über Liebe, Existenz
und vor allem über
Menschlichkeit

Wohin mit so viel Leidenschaft?

»Wohin mit so viel Leidenschaft?«, frage ich mich, mein Blick aus dem Fenster gerichtet, Arme auf dem Tisch. Denkend.
So viel in mir, was ausbrechen will, begeistern will, die Welt verändern will – ein bisschen zumindest. So wenig Raum, es rauszulassen, und zu wenige Worte, um es in Worte zu fassen.
An wen sie richten?

Ich starre. Der Mann gegenüber raucht seine dritte Zigarette, sein Energydrink wird – leer, wie er ist – vom Wind erfasst und vom Tisch gestoßen. Er regt sich nicht. Nicht auf, bewegt sich nicht. Vielleicht ist ihm der Weg zu weit. Vielleicht ist es ihm auch egal.

»So will ich nicht enden«, denke ich. So will ich nicht leben. So, als sei jeglicher Elan in meinem Innersten erloschen, Flüssig-Energie nachfüllend und dann in hundert Zigaretten ausstoßend, immer wieder, ohne Lächeln.
Was hat ihn wohl mal begeistert?
Was hat er dann damit gemacht?
Was wäre seine Antwort auf die Frage: »Wohin mit so viel Leidenschaft?«.
Hat er versucht, was zu verändern, und es einfach nicht geschafft?
Wohin mit all dem, was ein Herz sagen will, ein Kopf begreifen will, ein Mund teilen will?
Wohin mit all dem Weltveränderungsdrang in einer Welt, in der der Einzelne doch nichts verändern kann?
Und wohin mit all dem Schönen, das keinem weiterhilft, nur existiert und gesehen werden will?

»Erst mal raus«, antworte ich. Nehme ein Blatt und fang zu schreiben an.

Nein, nicht so. »Erst mal raus«, denke ich, setze Tee auf, mach die Tür auf und setz mich zu dem Mann. Denn Weltveränderung fängt schließlich erst im Kleinen an, und damit zu begreifen, was dem Einzelnen sein Leiden schafft.

Alte Wege

Alte Wege
öffnen keine neuen Türen
Vielleicht solltest du versuchen
neue Gründe zu berühren

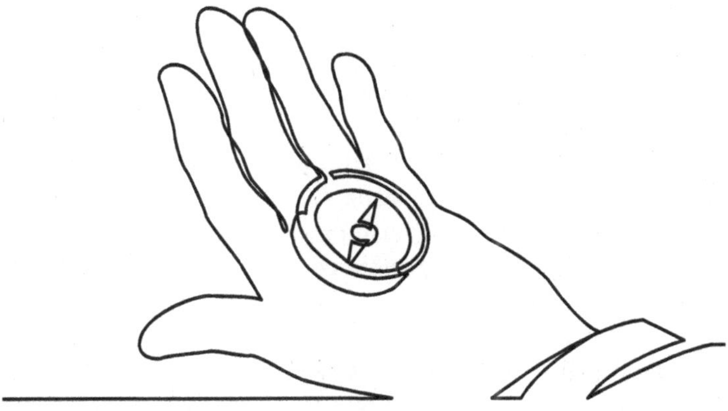

Erinnerungen wie Fotos

Erinnerungen sind wie Fotos:
zum Rahmen und Aufhängen
zum Manchmal-dran-denken
zum Drucken und Einkleben
und Ab-und-an-Reinsehen
zum Betrachten aus der Ferne
eher selten, doch dann gerne
zum Gedenken und Begeistern
und Die-Gegenwart-Bereichern

Jedoch verfehlen sie ihr Ziel
hältst du sie so nah vor die Augen
dass die Gegenwart verschwindet
und sie ganz dein Blickfeld rauben

Nein, dafür sind sie nicht gedacht
und so schwer es fallen mag:
Du musst nach vorne schauen

Fragliche Tage

Manche Jahre stellen Fragen
manche geben Antworten
Also lass dich auch an fraglichen Tagen
von der Hoffnung auf Besserung
weitertragen

Bahngleisgedanken

Ich sehe dich
am Bahngleis stehen
Du lachst grad nicht
und doch finde ich
dich aufrichtig hübsch

Keine klassische Schönheit
kein Vogue-gleicher Style
aber in der Menschenvielfalt
bist du doch aufgefallen

Und dann hebst du den Blick
mein Zug fährt grad ab
und ich frage mich
als du mich sahst
was hast du dabei gedacht?

Und ich frage mich
in den Fenstern meiner Bahn
kannst du dich da sehen
wie ich dich grad sah?

Schön für dich

Ich wünsche mir, dass
»Schön für dich«
eines Tages synonym ist für
»Das freut mich aufrichtig«

Im Auto

Gedanken, lauter als Kneipen
damals zu späten Öffnungszeiten
was geblieben ist, bin ich alleine
in meinem Auto
schweigend

Kaum auszuhalten
wenn das Radio still bleibt
und mich Stille in meine
Gedankenwelt treibt
die ich meide

Ruhe ist eine Gewalt
die ich so nicht mehr aushalt
und nie aushalten brauch
übertönt von Filmen, Musik
Gesprächen und Applaus

Und ich will schreien
doch ich kann nicht
und keiner kann es hören

Die Straßen, menschenleer
Was mal besonders war, wirkt jetzt
nur noch verstörend und verkehrt

Und ich denke und denke
über vergangene Fehler
und die Existenz des Menschen

Das ist zu tief, das geht zu weit
Ich bin doch Kind einer Zeit
die an der Oberfläche bleibt

Gib mir den Lärm zurück
schalt das Radio an
oder lieber das Leben

Ich vermisse nichts mehr
als mich mit Menschen zu umgeben

Sternenstunde mal anders

Neun Uhr fünfzehn
Mein Wohnzimmer, eine Insel
und ich die einzig Überlebende

Erklär mir jemand diese Zeit:
Wo man sein will
darf man nicht sein
und wo man sein darf
fühlt man sich irgendwie allein

Bin das ich, die einsam ist
oder sind das nur die Tage
in denen ich lebe?

Zwei Uhr zehn
Alles steht wie angewurzelt
doch fühlt sich an wie in der Schwebe

Die Sonne hebt sich nie
sie steht nur tief am Horizont
nickt mir kurz durchs Fenster zu
und geht, sobald sie kommt

Bin das ich, die dunkel ist
oder sind das nur die Wochen
die vorübergehen?

Vier Uhr dreißig
Sternenstunde
wie mitten in der Nacht
wird aus meiner kleinen Insel
ein Planetarium gemacht
Denn draußen auf den anderen Inseln
gehen die Lichterketten an
als würde man sich zuschreien:
»Hey – Wir stranden doch alle zusammen!«

Und ich bin nicht alleine
nur weil ich keinen sehen kann
denke ich und lächle traurig
zu meinem Schokoweihnachtsmann

Nein, ich bin nicht alleine
nur weil ich keinen sehen kann
denke ich und knipse dann zum Gruß
auch meine Lichterkette an

Das große Ganze

Ich steh mit Tränen in den Augen
und mit wehenden Haaren
seh einen weiteren leeren Zug
durch eine leere Stadt fahren
und ich kann einfach nicht anders
als mich sehnsüchtig zu fragen:
Wann werden wieder Menschen
an Schranken und
an Bahnhöfen warten?

Ich vermisse
wie sie sich umarmen
zulachen, anstarren
nach Kaffee oder
Kleingeld fragen
einfach sind
gleich und verschieden
und ich mit
und neben ihnen

Ich vermisse uns
das große Ganze eben
das große, ganze Leben

Leise Worte

Entschuldige mein Schweigen
Ich fühl mich grade nicht laut
Ich fühl mich grade leise
und hab verstanden, dass
es auch nicht immer Worte braucht

Manchmal kann man nicht erklären
und muss fühlen zum Verstehen
Manchmal machen die Gedanken
erst mit Abstand viel mehr Sinn

Ich fühl mich grade leise und
ich fühl mich grade still
Doch das wird nicht immer bleiben
auch wenn ich das gerne will

Bis zu diesem einen Tag
wo mein Lärm mich wiederfindet
werde ich einfach kurz verschwinden
und melde mich zurück
wenn mein Herz
anstatt zu flüstern
neue, klare Worte spricht

Kunstpause

Die Pause der Kunstschaffenden
Die Pause, um Kunst zu schaffen
oder die Kunst
in einer getriebenen Gesellschaft
mal Pausen zu machen?

Nur was zu fühlen

Manchmal hat man nichts zu sagen
Manchmal hat man nur was zu fühlen

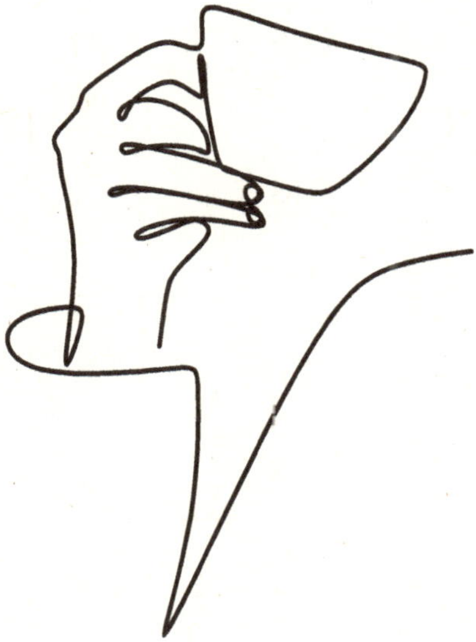

Kurze Zeilen

Kurze Zeilen
scheinen beizeiten
adäquater zu sein

Sie fragen nicht
nach vielen Worten
sie nehmen
was man gibt

Perfekt für Gedanken
die nicht in
kunstvolle Sätze passen –
geschweige denn
sich in Briefen
zusammenfassen
ließen

Lebensbejahend

»Ich will Gutes in die Welt bringen –
immer lebensbejahend schreiben«
steht stets auf der allerersten
meiner Privat-Gedichtband-Seiten

Aber manchmal hab ich Tage
an denen kein Optimismus fließt
und – statt das Leben zu umarmen –
sich alles halbwegs traurig liest

Darum schrieb ich heut im Stillen
das Kleinste all meiner Gedichte
und werd es täglich niederschreiben
bis die Welt sich wieder lichtet:

»Ja«
zum Leben

Wiederbelebung

Manchmal kann ich nicht anders
als Dinge enden sehen
mich tausend Tode sterben fühlen
Doch dann finde ich mich
in deinem Segenregen
Erinnert: Du bist Meister
im Wiederbeleben

Ein weiser Mann sagte einmal

Ein weiser Mann sagte einmal
dass nichts von Dauer sei
Ist es nicht schön, dass dieser Satz
auch unsere Sorgen meint?

Was heute noch dein Herz umtreibt
ist morgen schon Vergangenheit
Nur das Wissen, dass nichts Schlimmes bleibt
bleibt uns für die Ewigkeit

Den Schleier heben

Seh die Welt
im Schleier meiner selbst
und vergess
dass ich es bin, die wählt
wann sich der Schleier
wieder hebt

Irrational

Ängste, die irrational sind
vor Situationen, die nicht real sind
und Intentionen, die nicht klar sind
wecken Zweifel, die nicht wahr sind

Weil ich mir deiner Güte
noch immer nicht gewahr bin

Man muss mit allem rechnen

Man muss mit allem rechnen –
auch mit dem Schönen

Also rechne ich von heute an
mit Goldtöpfen an Regenbögen
Ich rechne – statt mit Variablen –
mit Kerzenschein am lauen Abend
mit Freunden, die beisammensitzen
mit Reisen und mit Nervenkitzel
mit Konzerten und mit Kunstmuseen
mit Urlauben in Übersee
mit mir noch unbekannten Tagen
die bald wieder Umarmungen
und ein breites, offenes Lächeln tragen

Mein Kopf findet es dumm
und mein Herz sagt, das sei naiv
doch meine Seele findet:
Die Hoffnung hat sie sich verdient

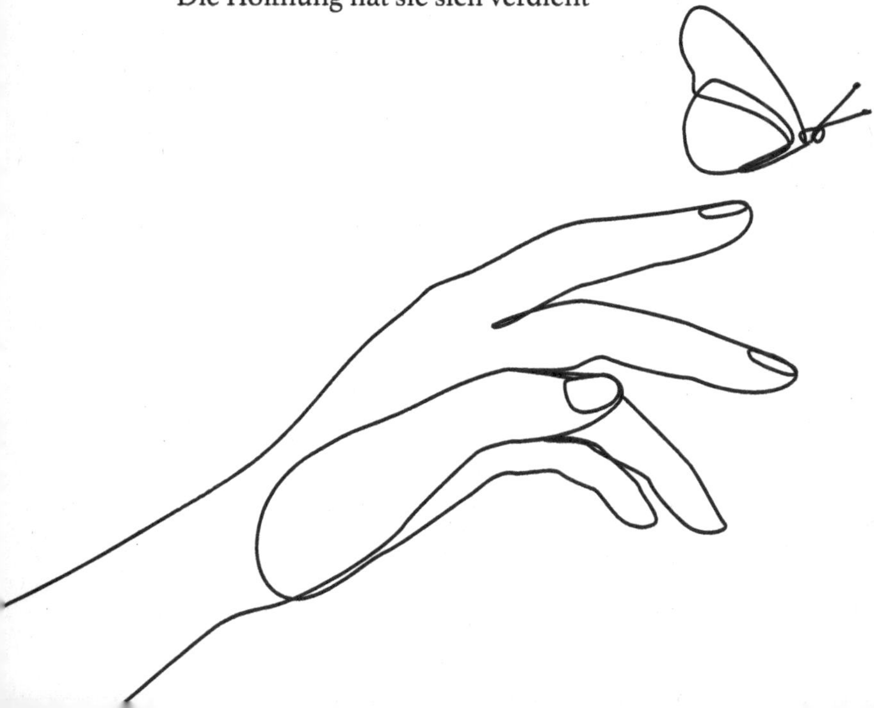

Gestern Abend

Gestern Abend war besonders
denn gestern Abend war
ein kleines bisschen anders
ein kleines bisschen Leben
sichtbar in den Fensterläden

Da waren Scheren an Haaren
und dann alte Damen
die glücklich aus
den Türen traten

Nie hab ich sie so wahrgenommen
Nie haben sie mich mehr erfreut
nie wirkte etwas Altbekanntes
so wunderbar und neu

Gestern Abend sah ich
Gesichter der Hoffnung
und ihre Freude war pur
Sie trugen ein Lächeln
Und eine neue Frisur

Schau dich an!

Schau dich an!
Ein ganzes Jahr Ausnahmezustand
und du bist immer noch da
immer noch stark
manchmal etwas müde
manchmal leicht verwirrt
aber immer noch hat Gott
einen guten Plan mit dir

Für all das, was du geschafft hast
und selbst für das, was nicht
möchte ich dir heute sagen:
Ich bin richtig stolz auf dich!

Deine Hände

Deine Hände nähen, was ich trage
sie ernten, was ich esse
sie bauen, was ich nutze
und sie zittern voller Schwäche

Deine Hände haben seit Jahren
keine Ruhe mehr gehabt
keine Freiheit erlebt
keine Liebe mehr erfahren

Deine Hände müssen
was sie nicht sollten
Sie tun
was du nicht willst
liegen in Ketten
eines Fremden
befolgen stumm
wirken im Stillen

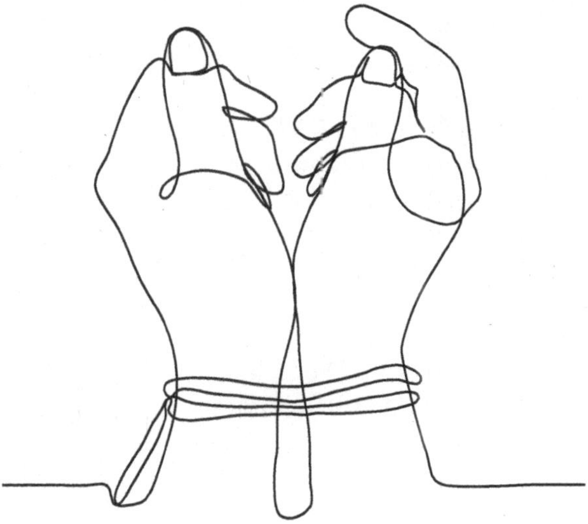

Deinen Händen folgt dein Körper
dein ganzes Sein, unsichtbar
deine Stimme, unverstanden
deine Hoffnung nicht mehr da

Und du nähst das, was ich trage
aber so ist es nicht recht
Und du erntest, was ich esse
von dem Gedanken wird mir schlecht

Du baust zusammen, was ich nutze
und ich will's sofort zerbrechen
die goldnen Ketten meines Lebens
legen dein Leben in Ketten

Was ich tun kann, scheint zu wenig
und mein Herz krampft sich zusammen
doch was ich tun könnte, wär
im Kleinen anzufangen

Ich will kaufen, was dich kleidet
Ich will essen, was dich nährt
Ich will nutzen, was dir Chance gibt
will das Ungleichgewicht nicht mehr

Ich will Ermöglichung und Rücksicht
Ich will nicht deine Stimme sein
Ich will, dass jeder hier dich hören kann
unbevormundet und frei

Und der Weg dahin ist lang
Um ihn zu gehen, braucht es viele
Es braucht Politik und Wirtschaft
Die, die handeln und die regieren

Es braucht Menschen, die dran glauben
dass das System auch anders geht
Und genauso braucht es mich
und jeden andern, der versteht:

Solang wir dir nicht ins Gesicht sehen
machen wir dich unsichtbar
Doch unser Wissen um dein Leiden
macht den Umstand wandelbar

Wir können deine Ketten lösen
schließen sie nacheinander auf
wenn wir heute gemeinsam sagen:
»Das nehmen wir so nicht mehr in Kauf«

Meine Freiheit

Meine Freiheit
liegt auf dem Fundament
das Frauen für mich bauten
die vor wenigen Jahrzehnten
entgegen aller Umstände
an ihre Rechte glaubten

Meine Freiheit
ist der Himmel all derer
die vor mir existierten
und mit Blick auf ihre Kinder
das eigene Leben für
ihr Besseres riskierten

Meine Freiheit
baut auf den Schultern meiner Eltern
die mich befähigt haben
ohne Sorgen oder Ängste
zu lernen, zu lieben
und Verantwortung zu tragen

Meine Freiheit
gehört zwar mir
doch sie ist nur ein Erbe
ein Geschenk
all derer vor mir
auf diesem Fleck der Erde

Meine Freiheit
bedeutet nicht
dass jeder schon frei lebt
sie ist nur Zeugnis dessen, dass
wo Menschen für was kämpfen
sich auch was bewegt

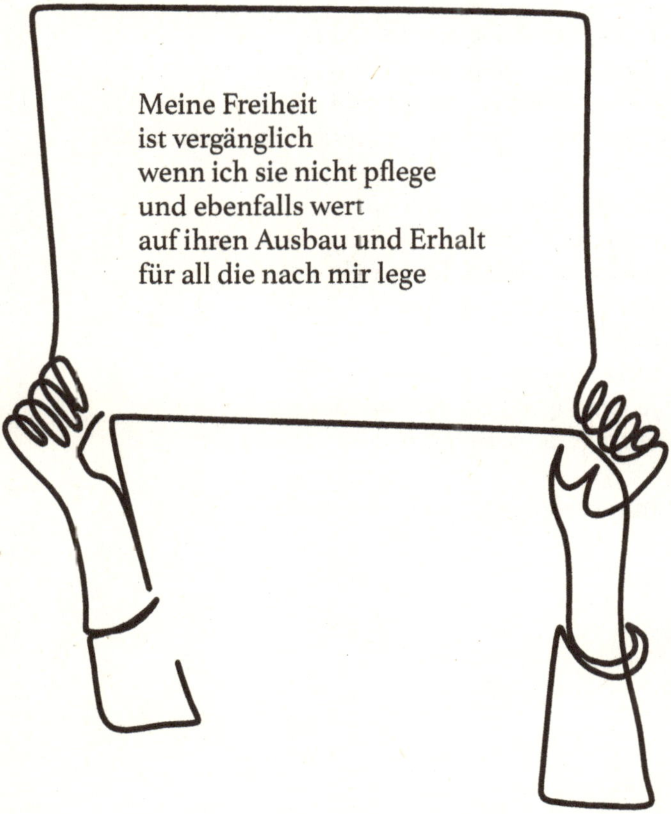

Der schmale Grat

Es liegt so ein schmaler Grat
zwischen Berufung und Vorwand
zwischen Mut und Alleingang
zwischen aufrichtiger Freundlichkeit
und bloßen Schreien nach Aufmerksamkeit

Es liegt so ein schmaler Grat
zwischen Rat geben und selbst erheben
zwischen Achtsamkeit und weltfremd leben
zwischen großen Visionen
und rücksichtslosem Benehmen

Es liegt so ein schmaler Grat
zwischen Uneigennutz und Nutzlosigkeit
zwischen Werte haben und wertend sein
zwischen Disziplin und stumpfer Gesetzlichkeit

Es ist so ein schmaler Grat
doch, Gott sei Dank
ein breites Band der Gnade
das du drüberspannst
damit ich dir
trotz mangelnder Balance
jeden Tag ein Stückchen mehr
entgegentanzen kann

Immer den schmalen Weg entlang

Josep

»Entschuldigung?
Hätten Sie vielleicht einen Euro für mich?«
Mensch zuckt weg
Mensch guckt weg
Mensch geht weg
»Schönen Tag noch«

»Entschuldigung?
Hätten Sie vielleicht einen Euro für mich?«
Mensch kauft sich einen Kaffee
für vier Euro zwanzig
und wendet sich ab
»Schönen Tag noch«

»Entschuldigung?
Hätten Sie vielleicht einen Euro für mich?«
Mensch trägt schweres Gepäck
Rucksack, Brötchen und Mac
»Warum gehst du nicht arbeiten
du kleines Stück Dreck?«
»Schönen Tag noch«

Josep schläft heut auf der Straße
mein Bett ist frisch und warm
Josep wollte nur was essen
und ich hab nichts für ihn getan

Dein Nächster

Manchmal ist dein Nächster
nicht dein nächstes Gegenüber
dein bester Freund oder dein Lehrer
deine Nachbarn oder Brüder

Manchmal wirkt dein Nächster
dir meilenweit entfernt
andere Sprache, andrer Glaube
von Grund auf anders gestrickter Kern

Doch Distanz besteht auf Erden
und Nähe entsteht im Herzen
Lass sie zu

Zum Fremdfreuen

Könnt ich doch bloß
anstatt mich fremdzuschämen
Fremdstolz und Fremdfreude fühlen wählen

Winterwunderland

»Heißt es ›Winterwunderland‹
weil man sich im Winter
nichts als wundern kann
wie schnell ein Jahr verging
und ein weiteres begann?«

»Nein. Es heißt ›Winterwunderland‹
denn jedes Jahr, das vor der Tür steht
hält ein Wunder an der Hand«

Bruchrechnung

Geteiltes Leid
ist halbes Leid
aber geteilte Freude
ist doppeltes Glück

Nicht alles
was du teilst
wird weniger

Gute Nacht

Nacht da draußen, dunkel ist's
Ein Falter fliegt ins künstliche Licht
einer dimmen Straßenlaterne
Der arme kleine Falter
fliegt zu Laternen statt zu den Sternen

Über ihm ein weißer Kreis aus
gespiegeltem Sonnenlicht
Das sich kunstvoll in grauen Wolken bricht
Berge aus dunkelgrauen Blautönen
nehmen und geben mir Funkelsicht

Unter ihnen verzweifelte Versuche
in der Nacht den Tag auszurufen
Reklametafeln, heulende Sirenen
im Wettrennen mit Scheinwerfern
und Taschenlampenpegeln

Verrückt, wie sich die Menschen
selbst nachts das Recht erkämpfen
keine Ruhe zu kennen
Lieber sehen sie Pixel brennen
als sich der Dunkelheit zu stellen

Dabei ist da so viel Licht, so hell
am Himmel über Ihnen
Doch sie fliegen bewusst ins Glas
statt den Blick zu heben
beißen ins Gras
statt zu entschweben

Und so reflektiert der Mond die Sonne
und die Sterne funkeln in aller Pracht
und die Menschen machen sich Sorgen:
Wird morgen wohl ein guter Tag?
Dabei ist jetzt gerade so eine gute Nacht

Alles Gute

Alles Gute kommt von oben
heißt ja auch irgendwie
alles Gute ist mit einem Absturz verbunden

In einer Welt, in der du alles sein kannst

In einer Welt
in der du alles sagen kannst
sprich liebevolle Worte

In einer Welt
in der du alles werden kannst
sei von der guten Sorte

In einer Welt
in der du alles nehmen kannst
nimm Rücksicht drauf
wie's anderen geht

In einer Welt
in der die Liebe fehlt
sei ein Freund
sei ein Poet

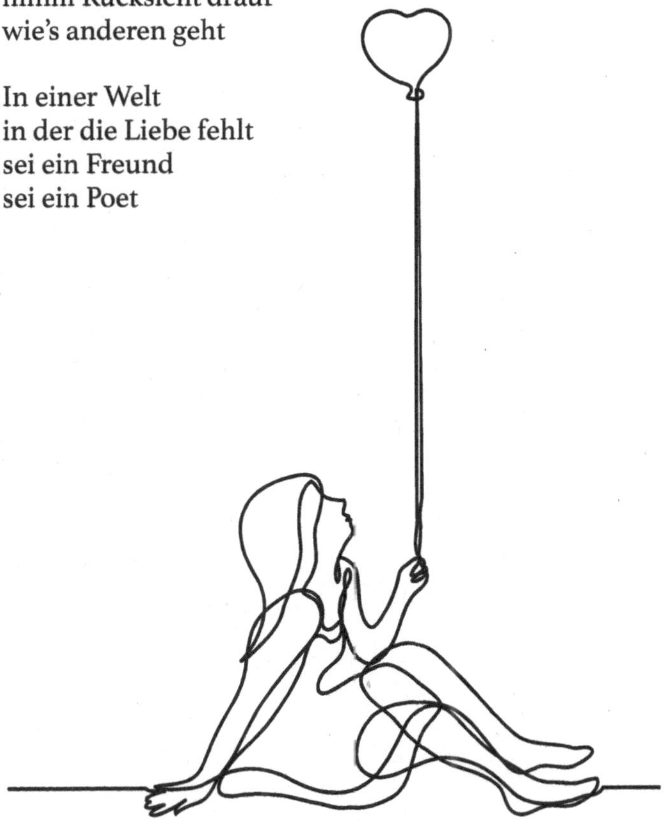

Staub

Aus Staub bin ich geworden
und Staub werd ich wieder sein
doch bis dahin weh ich Glitzergold
in die Welt hinein

Mut zur

Gib mir Worte und ich webe sie
wie Fäden zu Gewändern
nur mit Tinte auf Papier, aber
mit Borte an den Rändern

Meine Reime, so wie Seide
versuch den Kern sanft zu verhüllen
Zeilen knüpfen Krägen zu
und Rhythmus ist wie Tüll

Alles hier ist stimmig
doch auch ausgefallen und laut
Ein Gedicht trag ich als Abendkleid
und eins als zweite Haut

Ich bin der Designer
näh dich ein in meine Kleider
manche passen angegossen
andere lassen Fragen offen

Du musst sie auch nicht alle leiden
Mode muss Geschmäcker teilen
Sie sind nicht alle deine Größe
und auch ich geb mir die Blöße

Such dir aus, was dir gefällt
und den Rest häng ruhig zurück
Dir hat es diesmal nicht gefallen
doch jemand anders ist entzückt

Nichts hier ist so ganz perfekt
doch dafür lauter Einzelstücke
und mit jedem weiteren Text
entwickle ich mehr Mut zur

Danksagung

Worte können viel zusammenfassen, aber nicht, wie dankbar ich für »meine« Menschen bin. Allen voran meinen Eltern, für eure bedingungslose Liebe und die ständige Unterstützung seit Tag eins. Danke für jedes Wort, das ihr mir beigebracht habt. Und danke Daniel, dass du an mich glaubst, mich unterstützt und in himmelhochjauchzenden wie gedankenvertieften Zeiten liebst, wie ich bin. Schön, mit dir zu zweit unendlich sein zu dürfen.

Danke Anna, Marlene, Lisa, Johanna, Jan und Louise dafür, dass ihr mich durch die Emotionskapitel dieses Buchs als treue Freunde begleitet habt. Meine Gefühlswelt wäre nur halb so farbenfroh ohne euch. Danke an Karina und das Lago-Team, die meinen Texten eine Form geschenkt haben, von der ich mein Leben lang geträumt habe. Und danke an jeden, der (unwissentlich) einige dieser Zeilen inspiriert hat. Ich hoffe, sie geben euch dafür etwas zurück.

Am dankbarsten bin ich Jesus, der meinem Leben Sinn und meinem Herzen Zuversicht schenkt. Keine Ahnung, wo ich ohne ihn wäre. Aber mit ihm sitze ich hier, schreibe diese dankbaren Worte und hoffe, dass sie seine Hoffnung strahlen. Eine Hoffnung, auf eine liebevollere Welt. Und das Wissen, um ein besseres Morgen.

Bibliografische Information der Deutschen Nationalbibliothek
Die Deutsche Nationalbibliothek verzeichnet diese Publikation in der Deutschen Nationalbibliografie. Detaillierte bibliografische Daten sind im Internet über http://dnb.d-nb.de abrufbar.

Für Fragen und Anregungen
info@lago-verlag.de

Wichtiger Hinweis
Ausschließlich zum Zweck der besseren Lesbarkeit wurde auf eine genderspezifische Schreibweise sowie eine Mehrfachbezeichnung verzichtet. Alle personenbezogenen Bezeichnungen sind somit geschlechtsneutral zu verstehen.

Originalausgabe
5. Auflage 2023

Türkenstraße 89
80799 München
Tel.: 089 651285-0
Fax: 089 652096

Redaktion: Lara Jarolin
Umschlaggestaltung: Sarah Marie Zacharias, Isabella Dorsch
Umschlagabbildung: Shutterstock.com/Rusyn, OneLineStock.com
Illustrationen im Innenteil: Shutterstock.com/OneLineStock.com; ngupakarti; Ikidogoooo; Singleline; Kamila Bay; Nataletado; Anna Holmart; Buryi Bogdan; Sahs; Valenty; Olga Rai; kiyanochka1; Simple Line; DODOMO; JustArtNina; Nataletado; tetiana_u; RomanYa ; StocKNick; Mikhail Gnatuyk; nasharaga; gloria line art; Dychkova Natalya; Koy Jang; Dychkova Natalya; ALYOHAE; digi_house; JustArtNina; Burunduk's; Lovskaya; Mikhail Gnatuyk; Michiru13; Essl
Layout: Sarah Marie Zacharias, Sonja Vallant
Satz: Christiane Schuster | www.kapazunder.de
Druck: GGP Media GmbH, Pößneck
Printed in Germany

ISBN Print 978-3-95761-213-7
ISBN E-Book (PDF) 978-3-95762-309-6
ISBN E-Book (EPUB, Mobi) 978-3-95762-310-2

Weitere Informationen zum Verlag finden Sie unter
www.lago-verlag.de
Beachten Sie auch unsere weiteren Verlage unter www.m-vg.de